बेईमानी की परत

वाणी प्रकाशन

नयी दिल्ली-110002

फोन : 3275710, 3273167 फैक्स : 3275710

e-mail : vani_prakashan@yahoo.com

vani_prakashan@mantraonline.com

बेईमानी की परत

हरिशंकर परसोई

वाणी प्रकाशन

प्रकाशन के उत्कृष्टतम 61 वर्ष

सजिल्द पहला संस्करण : 200
सजिल्द दूसरा संस्करण : 201
सजिल्द तीसरा संस्करण : 202

vaniprakashan.com

वाणी प्रकाशन

4695, 21-ए, दरियागंज, नयी दिल्ली-110 002

फ़ोन : +91 11 23273167, 23275710

शाखाएँ

अशोक राजपथ, पटना-800 004, बिहार

कॉफ़ी हाउस कैम्पस, महात्मा गांधी मार्ग, प्रयागराज-211 001, उत्तर प्रदेश

महात्मा गांधी अन्तरराष्ट्रीय हिन्दी विश्वविद्यालय, वर्धा-442 001, महाराष्ट्र

36/ए, शेक्सपियर सरणी, रानी बिरला गर्ल्स कॉलेज के पास, कोलकाता-700 017, प. बंगाल

sales@vaniprakashan.in
vaniprakashan@gmail.com

Baimani Kee Parat
by Harishankar Parsai

ISBN : 978-93-5000-267-4
Satire

मूल्य : ₹ 395

आर. टेक ऑफ़सेट प्रिंटर्स, दिल्ली-110 032 में मुद्रित

वाणी प्रकाशन का लोगो मक़बूल फ़िदा हुसेन की कूची से

जबलपुर के अपने मित्रों को
जो मुझे हद से ज्यादा
बरदाश्त करते हैं

ये निबन्ध

पिछले सालों में लिखे गये निबंधों में से २२ इस पुस्तक में जा रहे हैं। कहानी के साथ ही मैं शुरू से निबंध भी लिखता रहा हूँ और यह विधा अपनी प्रकृतिगत स्वच्छंदता तथा व्यापकता के कारण मुझे बहुत अनुकूल भी प्रतीत हुई है। इसकी संभावनाओं का कितना उपयोग कर पाया हूँ, यह दूसरी बात है। इतना जरूर जानता हूँ कि निबंध लिखते हुए मुझे सार्थकता और संतोष का अनुभव हुआ है।

मुख्य रूप से मैंने कहानियाँ लिखी हैं; गो इसमें भी मतभेद है कि वे नये शास्त्रीय मान से कहानियाँ हैं भी या नहीं। बहुत बारीक समझ के कुछ लोगों ने कहा भी है कि वे 'चीजें' मन पर असर तो डालती हैं, याद भी रहती हैं, गूँजती भी हैं—मगर उनके कहानी होने में शक होता है। होता होगा। अपने पैर में जो जूता फ़िट न बैठे; उसे कोई जूता ही नहीं मानते। वे भूल जाते हैं कि कुछ जूते सिर के नाप के भी बनाये जाते हैं।

मगर यह निबंध-संग्रह है। इसे पाठकों के हाथों में देते मुझे न संकोच है, न झिझक। मैं पूरे विश्वास से दे रहा हूँ क्योंकि इतने वर्षों में मैंने पाठक पर भरोसा किया है और उसने मुझ पर। एक खास तरह का पाठक 'आलोचक' कहलाता है। उसके बारे में कुछ नहीं कहा जा सकता।

—हरिशंकर परसाई

क्रम

घायल वसंत / ११
पहिला सफ़ेद बाल / १७
गली तो चारों बंद हुई / २२
गेहूँ का सुख / २८
निंदा-रस / ३३
प्रेमचंद के फटे जूते / ३८
कबिरा आप ठगाइये··· / ४२
मखमल की म्यान / ४७
'बने हैं दोस्त नासेह !' / ५३
कैलेंडर का मौसम / ५८
आई बरखा बहार / ६३
नीलकंठ / ६९
राम का दुख और मेरा / ७५
'लिटरेचर ने मारा तुम्हें' / ८०
माना कि रहेंगे दिल्ली / ८५
कहावतों का चक्कर / ९२
क्षय की रूमानियत / ९९
सहानुभूति / १०३
कचहरी जाने वाला जानवर / १०९
चंदा / ११३
सुजलां सुफलां / ११९
बेईमानी की परत / १२३

घायल वसंत

कल वसन्तोत्सव था। कवि वसंत के आगमन की सूचना पा रहा था—'प्रिय, फिर आया मादक वसंत'।

मैंने सोचा, जिसे वसंत के आने का बोध भी अपनी तरफ से कराना पड़े, उस प्रिय से तो शत्रु अच्छा। ऐसे नासमझ को प्रकृति-विज्ञान पढ़ाएँगे या उससे प्यार करेंगे। मगर कवि को न जाने क्यों ऐसा बेवकूफ़ पसन्द आता है।

कवि मग्न होकर गा रहा था—

'प्रिय, फिर आया मादक वसंत!'

पहली पंक्ति सुनते ही मैं समझ गया कि इस कविता का अन्त 'हा हंत' से होगा, और हुआ। अंत, संत, दिगंत आदि के बाद सिवा 'हा हंत' के कौन पद पूरा करता? तुक की यही मजबूरी है। लीक के छोर पर यही गहरा गढ़ा होता है। तुक की गुलामी करोगे तो आरम्भ चाहे 'वसंत' से कर लो, अन्त जरूर 'हा हंत' से होगा। सिर्फ कवि ऐसा नहीं करता। और लोग भी, सयाने लोग भी, इस चक्कर में होते हैं। व्यक्तिगत और सामाजिक जीवन में तुक पर तुक बिठाते चलते हैं और 'वसंत' से शुरू करके 'हा हंत' पर पहुँचते हैं। तुकें बराबर फ़िट बैठती हैं, पर जीवन का आवेग निकल भागता है। तुकें हमारा पीछा छोड़ ही नहीं रही हैं। हाल ही में हमारी समाजवादी सरकार के अर्थमंत्री ने दबा सोना निकालने की जो अपील की, उसकी तुक शुद्ध सर्वोदय से मिलायी—'सोना दबाने वालो, देश के लिए स्वेच्छा से सोना दे दो।' तुक उत्तम प्रकार की थी; साँप तक का दिल नहीं दुखा। पर सोना चार हाथ और नीचे चला गया।

आखिर कब हम तुक को तिलांजलि देंगे ? कब बेतुका चलने की हिम्मत करेंगे ?

कवि ने कविता समाप्त कर दी थी। उसका 'हा हंत' आ गया था। मैंने कहा, 'धत्तेरे की !' ७ तुकों में ही टें बोल गया। राष्ट्रकवि इस पर कम से कम ५१ तुकें बांधते। ६ तुकें तो उन्होंने 'चक्र' पर बाँधी हैं। (देखो 'यशोधरा' पृष्ठ १३) पर तू मुझे क्या बताएगा कि वसंत आ गया। मुझे तो सुबह से ही मालूम है। सबेरे वसंत ने मेरा दरवाजा भी खटखटाया था। मैं रजाई ओढ़े सो रहा था। मैंने पूछा—'कौन ?' जवाब आया—'मैं वसंत।' मैं घबड़ा उठा। जिस दूकान से सामान उधार लेता हूँ, उसके नौकर का नाम भी वसंतलाल है। वह उधारी वसूल करने आया था। कैसा नाम है, और कैसा काम करना पड़ता है इसे ! इसका नाम पतझड़दास या तुषारपात होना था। वसंत अगर उधारी वसूल करता फिरता है, तो किसी दिन आनन्दकर थानेदार मुझे गिरफ्तार करके ले जाएगा और अमृतलाल जल्लाद फाँसी पर टाँग देगा !

वसंतलाल ने मेरा मुहूर्त बिगाड़ दिया। इधर से कहीं ऋतुराज वसंत निकलता होगा, तो वह सोचेगा कि ऐसे के पास क्या जाना जिसके दरवाजे पर सबेरे से उधारी वाले खड़े रहते हैं ! इस वसंतलाल ने मेरा मौसम ही खराब कर दिया।

मैंने उसे टाला और फिर ओढ़कर सो गया। आँखें झँप गयीं। मुझे लगा, दरवाजे पर फिर दस्तक हुई। मैंने पूछा —'कौन ?' जवाब आया—'मैं वसंत !' मैं खीझ उठा—'कह तो दिया कि फिर आना।' उधर से जवाब आया, 'मैं बार-बार कब तक आता रहूँगा ? मैं किसी बनिये का नौकर नहीं हूँ; ऋतुराज वसंत हूँ। आज तुम्हारे द्वार पर फिर आया हूँ और तुम फिर सोते मिले हो। अलाल, अभागे, उठकर बाहर तो देख। ठूँठों ने भी नव पल्लव पहिन रखे हैं। तुम्हारे सामने की प्रौढ़ा नीम तक नवोढ़ा से हाव-भाव कर रही है—और बहुत भद्दी लग रही है।'

मैंने मुँह उघाड़कर कहा, 'भई, माफ़ करना, मैंने तुम्हें पहचाना नहीं। अपनी यही विडम्बना है कि ऋतुराज वसंत भी आए, तो लगता है, उधारी के तगादे वाला आया। उमंगें तो मेरे मन में भी हैं, पर यार, ठंड

बहुत लगती है।' वह जाने के लिए मुड़ा। मैंने कहा, 'जाते-जाते एक छोटा-सा काम मेरा करते जाना। सुना है तुम ऊबड़-खाबड़ चेहरों को चिकना कर देते हो; 'फ़ेसलिफ्टिंग' के अच्छे कारीगर हो तुम। तो ज़रा यार, मेरी सीढ़ी ठीक करते जाना उखड़ गयी है।'

उसे बुरा लगा। बुरा लगने की बात है। जो सुन्दरियों के चेहरे सुधारने का कारीगर है, उससे मैंने सीढ़ी सुधारने के लिए कहा। वह चला गया।

मैं उठा और शाल लपेटकर बाहर बरामदे में आया। हज़ारों सालों के संचित संस्कार मेरे मन पर लदे हैं; टनों कवि-कल्पनाएँ जमी हैं। सोचा, वसंत है तो कोयल होगी ही। पर न कहीं कोयल दिखी न उसकी कूक सुनाई दी। सामने की हवेली के कंगूरे पर बैठा कौआ 'काँव-काँव' कर उठा। काला, कुरूप, कर्कश कौआ—मेरी सौंदर्य-भावना को ठेस लगी। मैंने उसे भगाने के लिए कंकड़ उठाया। तभी खयाल आया कि एक परम्परा ने कौए को भी प्रतिष्ठा दे दी है। यह विरहणी को प्रियतम के आगमन का संदेसा देने वाला माना जाता है। सोचा, कहीं यह आसपास की किसी विरहणी को प्रिय के आने का सगुन न बता रहा हो। मैं विरह-णियों के रास्ते में कभी नहीं आता; पतिव्रताओं से तो बहुत डरता हूँ। मैंने कंकड़ डाल दिया। कौआ फिर बोला। नायिका ने सोने से उसकी चोंच मढ़ाने का वायदा कर दिया होगा। शाम की गाड़ी से अगर नायक दौरे से वापिस आ गया, तो कल नायिका बाजार से आने वाले सामान की जो सूची उसके हाथ में देगी, उसमें दो तोले सोना भी लिखा होगा। नायक पूछेगा—'प्रिये, सोना तो अब काला बाजार में मिलता है। लेकिन अब तुम सोने का करोगी क्या?' नायिका लजाकर कहेगीं—'उस कौए की चोंच मढ़ाना है, जो कल सबेरे तुम्हारे आने का सगुन बता गया था।' तब नायक कहेगा—'प्रिय, तुम बहुत भोली हो। मेरे दौरे का कार्यक्रम यह कौआ थोड़े ही बनाता है; वह कौआ बनाता है जिसे हम 'बड़ा साहब' कहते हैं। इस कलूटे की चोंच सोने से क्यों मढ़ाती हो? हमारी दुर्दशा का यही तो कारण है कि तमाम कौए सोने से चोंच मढ़ाये हैं, और इधर हमारे पास हथियार खरीदने को सोना नहीं है। हमें तो कौओं की चोंच

से सोना खरोंच लेना है। जो आनाकानी करेंगे, उनकी चोंच काटकर सोना निकाल लेंगे। प्रिये, वह बड़ी ग़लत परम्परा है, जिसमें हंस और मोर की चोंच तो नंगी रहे, पर कौए की चोंच पर सुन्दरी खुद सोना मढ़े!' नायिका चुप हो जाएगी। स्वर्ण-नियंत्रण कानून से सबसे ज्यादा नुकसान कौओं और विरहणियों का हुआ है। अगर कौए ने १४ केरेट के सोने से चोंच मढ़ाना स्वीकार नहीं किया, तो विरहणी को प्रिय के आगमन की सूचना कौन देगा?

कौआ फिर बोला। मैं इससे युगों से घृणा करता हूँ; तब से, जब इसने सीता के पाँव में चोंच मारी थी। राम ने अपने हाथ से फूल चुनकर, उनके आभूषण बनाकर सीता को पहनाये। इसी समय इन्द्र का बिगड़ैल बेटा जयन्त आवारा-गर्दी करता वहाँ आया और कौआ बनकर सीता के पाँव में चोंच मारने लगा। ये बड़े आदमी के बिगड़ैल लड़के हमेशा दूसरों का प्रेम बिगाड़ते हैं। यह कौआ भी मुझसे नाराज़ है, क्योंकि मैंने अपने घर के झरोखों में गौरैयों को घोंसले बना लेने दिये हैं।

पर इस मौसम में कोयल कहाँ है? वह अमराई में होगी। कोयल से अमराई छूटती नहीं है, इसलिए इस वसंत में कौए की बन आयी है। वह तो मौक़ापरस्त है; घुसने के लिए पोल ढूँढता है। कोयल ने उसे जगह दे दी है। वह अमराई की छाया में आराम से बैठी है। और इधर हर ऊँचाई पर कौआ बैठा 'काँव-काँव' कर रहा है। मुझे कोयल के पक्ष में उदास पुरातन प्रेमियों की आह भी सुनाई देती है—'हाय, अब वे अमराइयाँ यहाँ कहाँ हैं कि कोयलें बोलें। यहाँ तो ये शहर बस गये हैं और कारखाने बन गये हैं।' मैं कहता हूँ कि सर्वत्र अमराइयाँ नहीं हैं, तो ठीक ही नहीं हैं। आखिर हम कब तक जंगली बने रहते? मगर अमराई और कुंज और बगीचे भी हमें प्यारे हैं। हम कारखाने को अमराई से घेर देंगे और हर मुहल्ले में बग़ीचा लगा देंगे। अभी थोड़ी देर है। पर कोयल को धीरज के हाथ हमारा साथ तो देना था। कुछ दिन धूप तो हमारे साथ सहना था। जिसने धूप में साथ नहीं दिया, वह छाया कैसे बँटाएगी? जब हम अमराई बना लेंगे, तब क्या वह उसमें रह सकेगी? नहीं, तब तक तो कौए अमराई पर क़ब्जा कर लेंगे। कोयल को अभी आना

चाहिए। अभी जब हम मिट्टी खोदें, पानी सींचें और खाद दें, तभी से उसे गाना चाहिए।

कौआ फिर बोला। विरहणी की भावना का खयाल करके मैं सह रहा हूँ।

मैं बाहर निकल पड़ता हूँ। चौराहे पर पहली वसंती साड़ी दिखी। मै उसे जानता हूँ। यौवन की एड़ी दिख रही है—वह जा रहा है—वह जा रहा है। अभी कुछ महीने पहले ही शादी हुई है। मैं तो कहता आ रहा था कि चाहे कभी ले, 'रूखी री यह डाल वसन वासंती लेगी'—(निराला)। उसने वसन वासंती ले लिया। कुछ हजार में उसे यह बूढ़ा हो रहा पति मिल गया। वह भी उसके साथ है। वसंत का अन्तिम चरण और पतझड़ सा ा जा रहे हैं। उसने माँग में बहुत-सा सिन्दूर चुपड़ रखा है। जिसकी ितनी मुशकिल से शादी होती है, वह बेचारी उतनी ही बड़ी माँग भरती है उसने ड़े अभिमान से मेरी तरफ देखा। फिर पति को देखा। उसकी नजर में ठसक और ताना है, जैसे अँगूठा दिखा रही है कि ले, मुझे तो यह िमल ही गया। मगर यह क्या? वह ठंड से काँप रही है और 'सीसी' कर रही है। वसंत में वासंती साड़ी को कँपकँपी छूट रही है।

यह कैसा वसंत है जो शीत के डर से काँप रहा है? क्या कहा था विद्यापति ने—'सरस वसंत समय भल पाओलि दछिन पवन बहु धीरे!' नहीं मेरे कवि, दक्षिण से मलय पवन नहीं बह रहा। यह उत्तर से बर्फ़ीली हवा आ रही है। हिमालय के उस पार से आकर इस बर्फ़ीली हवा ने हमारे वसंत का गला दबा दिया है।[1] हिमालय के पार बहुत-सा बर्फ़ बनाया जा रहा है जिसमें सारी मनुष्य जाति को मछली की तरह जमा कर रखा जाएगा। यह बड़ी भारी साजिश है—बर्फ़ की साजिश! इसी बर्फ़ की हवा ने हमारे आते वसंत को दबा रखा है।

यों हमें विश्वास है कि वसंत आएगा। शैली ने कहा है—अगर शीत

---

१. चीन की युद्ध और शांति सम्बन्धी नीति और भारत की सीमा पर १९६२ में चीन का हमला,

आ गयी है, तो क्या वसंत बहुत पीछे होगा ? वसंत तो शीत के पीछे लगा हुआ ही आ रहा है। पर उसके पीछे गरमी भी तो लगी है। अभी उत्तर से शीत-लहर आ रही है तो फिर पश्चिम से लू भी तो चल सकती है।[२] बर्फ़ और आग के बीच में हमारा वसंत फँसा है। इधर शीत उसे दबा रही है और उधर से गरमी। और वसंत सिकुड़ता जा रहा है।

मौसम की मेहरबानी पर भरोसा करेंगे, तो शीत से निपटते-निपटते लू तंग करने लगेगी। मौसम के इंतज़ार से कुछ नहीं होगा। वसंत अपने आप नहीं आता; उसे लाया जाता है। सहज आने वाला तो पतझड़ होता है, वसंत नहीं। अपने आप तो पत्ते झड़ते हैं। नये पत्ते तो वृक्ष का प्राण-रस पीकर पैदा होते हैं। वसंत यों नहीं आता। शीत और गरमी के बीच से जो जितना वसंत निकाल सके, निकाल ले। दो पाटों के बीच मे फँसा है, देश का वसंत। पाट और आगे खिसक रहे हैं। वसंत को बचाना है तो ज़ोर लगाकर इन दोनों पाटों को पीछे ढ़केलो—इधर शीत को, उधर गरमी को। तब बीच में से निकलेगा हमारा घायल वसंत।

---

२. पाकिस्तान।

पहिला सफ़ेद बाल

आज पहिला सफेद बाल दिखा। कान के पास काले बालों के बीच से झाँकते इस पतले रजत-तार ने सहसा मन को झकझोर दिया।

ऐसा लगा जैसे वसंत में वनश्री देखता घूम रहा हूँ कि सहसा किसी झाड़ी से शेर निकल पड़े;

या पुराने जमाने में किसी मजबूत माने जाने वाले किले की दीवार पर रात को बेफ़िक्र घूमते गरबीले किलेदार को बाहर से चढ़ते हुए शत्रु के सिपाही की कलगी दिख जाय;

या किसी पार्क के कुंज में अपनी राधा को हृदय से लगाए प्रेमी को एकाएक राधा का बाप आता दिख जाय;

कालीन पर चलते हुए काँटा चुभने का दर्द बड़ा होता है। मैं अभी तक कालीन पर चल रहा था। रोज नरसीसस जैसी आत्म-रति से आईना देखता था, घुंघराले, काले केशों को देखकर, सहलाकर, सँवारकर, प्रसन्न होता था। उम्र को ठेलता जाता था, वार्द्धक्य को अँगूठा दिखाता था। पर आज कान में यह सफ़ेद बाल फुसफुसा उठा, 'भाई मेरे, एक बात 'कानफ़िडेंस' में कहूँ—अपनी दूकान समेटना अब शुरू कर दो!'

तभी से दुखी हूं। ज्ञानी समझाएँगे—जो अवश्यंभावी है, उसके होने का क्या दुःख? जी हाँ, मौत भी तो अवश्यंभावी है। तो क्या ज़िंदगी-भर मरघट में अपनी चिता रचते रहें? और ज्ञान से कहीं हर दुख जीता गया है? वे क्या कम ज्ञानी थे, जो मरणासन्न लक्ष्मण का सिर गोद में लेकर विलाप कर रहे थे—'मेरो सब पुरुषारथ थाको!' स्थितप्रज्ञ दर्शन अर्जुन को समझाने वाले की आँखें उद्धव से गोकुल की

व्यथा-कथा सुनकर, डबडबा आई थीं। मरण को त्योहार मानने वाले ही मृत्यु से सबसे अधिक भयभीत होते हैं। वे त्योहार का हल्ला करके अपने हृदय के सत्य भय को दबाते हैं।

मैं वास्तव में दुखी हूँ। सिर पर सफेद कफ़न बुना जा रहा है; आज पहिला तार डाला गया है। उम्र बुनती जायगी इसे और यह यौवन की लाश को ढँक लेगा। दुःख नहीं होगा मुझे? दुःख उन्हें नहीं होगा, जो बूढ़े ही जन्मे हैं।

मुझे गुस्सा है, इस आईने पर। वैसे तो यह बड़ा दयालु है, विकृति को सुधार कर चेहरा सुडौल बनाकर बताता रहा है। आज एकाएक यह कैसे क्रूर हो गया! क्या इस एक बाल को छिपा नहीं सकता था? इसे दिखाए बिना क्या उसकी ईमानदारी पर बड़ा कलंक लग जाता? उर्दू कवियों ने ऐसे संवेदनशील आईनों का ज़िक्र किया है, जो माशूक के चेहरे में अपनी ही तस्वीर देखने लगते हैं; जो उस मुख के सामने आते ही गश खाकर गिर पड़ते हैं; जो उसे पूरी तरह प्रतिबिम्बित न कर सकने के कारण चटक जाते हैं। सौंदर्य का सामना करना कोई खेल नहीं है। मूसा बेहोश हो गया था! ऐसे भले आईने होते हैं, उर्दू कवियों के। और यह एक हिन्दी लेखक का आईना है!

मगर आईने का क्या दोष? बाल तो अपना सफेद हुआ है। सिर पर धारण किया, शरीर का रस पिलाकर पाला, हजारों शीशियाँ तेल की उड़ेल दीं—और ये धोखा दे गये। संन्यासी शायद इसीलिए इनसे छुट्टी पा लेता है कि उस विरागी का साहस भी इनके सामने लड़खड़ा जाता है।

आज आत्म-विश्वास उठा जाता है; साहस छूट रहा है। किले में आज पहिली सुरंग लगी है। दुश्मन को आते अब क्या देर लगेगी!

क्या करूँ? इसे उखाड़ फेंकूँ? लेकिन सुना है, यदि एक सफेद बाल को उखाड़ दो, तो वहाँ एक गुच्छा सफेद हो जाता है। रावण जैसा वर-दानी होता है, कम्बख्त। मेरे चाचा ने एक नौकर सफेद बाल उखाड़ने के लिए ही रखा था, पर थोड़े ही समय में उनके सिर पर काँस फूल उठा था। एक तेल बड़ा 'मनराखन' हो गया है। कहते हैं उससे बाल काले हो जाते हैं। (नाम नहीं लिखता, व्यर्थ प्रचार होगा) उस तेल को लगाऊँ?

पर उससे भी शत्रु मरेगा नहीं, उसकी वर्दी बदल जायगी। कुछ लोग खिजाब लगाते हैं। वे बड़े दयनीय होते हैं। बुढ़ापे से हार मानकर, यौवन का ढोंग रचते हैं। मेरे एक परिचित खिजाब लगाते थे। शनिवार को वे बूढ़े लगते और सोमवार को जवान—इतवार उनका रँगने का दिन था। न जाने वे ढलती उम्र में काले बाल किसे दिखाते थे! शायद तीसरे विवाह की पत्नी को। पर वह उन्हें बाल रँगते देखती तो होगी ही। और क्या स्त्री को केवल काले बाल दिखाने से यौवन का भ्रम उत्पन्न किया जा सकता है? नहीं, यह सब नहीं होगा। शत्रु को सिर पर बिठाए रखना पड़ेगा। जानता हूँ, यह धीरे-धीरे सब वफ़ादार बालों को अपनी ओर मिला लेगा।

याद आती है, मेरे समानधर्मा, कवि केशवदास की, जिसे 'चन्द्रवदन मृगलोचनी' ने बाबा कह दिया, तो वह बालों पर बरस पड़ा था। हे मेरे पूर्वज, दुखी, रसिक कवि! तेरे मन की ऐंठन मैं अब बखूबी समझ सकता हूँ। मैं चला आ रहा हूँ, तेरे पीछे। मुझे 'बाबा' तो नहीं पर 'दादा' कहने लगी है—बस, थोड़ा ही फ़ासला है!

मन बहुत विचलित है। आत्म-रति के अतिरेक का फल नरसीसस ने भोगा था, मुझे भी भोगना पड़ेगा। मुझे एक अन्य कारण से डर है। मैंने देखा है, सफेद बाल के आते ही आदमी हिसाब लगाने लगता है कि अब तक क्या पाया, आगे क्या करना है और भविष्य के लिए क्या संचय किया। हिसाब लगाना अच्छा नहीं होता। इससे ज़िन्दगी में वणिक-वृत्ति आती है और जिस दिशा से कुछ मिलता है, आदमी उसी दिशा में सिजदा करता है। बड़े-बड़े 'हीरो' धराशायी होते हैं। बड़ी-बड़ी देव-प्रतिमाएँ खण्डित होती हैं। राजनीति, साहित्य, जन-सेवा के क्षेत्र की कितनी महिमा-मंडित मूर्तियाँ इन आँखों ने टूटते देखी हैं; कितनी आस्थाएँ भंग होते देखी हैं। बड़ी खतरनाक उम्र है यह; बड़े समझौते होते हैं सफेद बालों के मौसम में। यह सुलह का झंडा सिर पर लहराने लगा है। यह घोषणा कर रहा है, "अब तक के शत्रुओ! मैंने हथियार डाल दिये हैं। आओ, संधि कर लें।" तो क्या संधि होगी—उनसे जिनसे संघर्ष होता रहा? समझौता होगा, उससे जिसे ग़लत मानता रहा?

पर आज एकदम ये निर्णायक प्रश्न मेरे सामने क्यों खड़े हो गये ? बाल की जड़ बहुत गहरी नहीं होती। हृदय से तो उगता नहीं है यह ! यह सतही है, बेमानी ? यौवन सिर्फ काले बालों का नाम नहीं है। यौवन नवीन भाव, नवीन विचार ग्रहण करने की तत्परता का नाम है; यौवन साहस, उत्साह, निर्भयता और खतरे-भरी ज़िंदगी का नाम है; यौवन लीक से बच निकलने की इच्छा का नाम है। और सबसे ऊपर, बेहिचक बेवक़ूफ़ी करने का नाम यौवन है। मैं बराबर बेवक़ूफ़ी करता जाता हूँ। यह सफेद झंडा प्रवंचना है। हिसाव करने की कोई जल्दी नहीं है। सफेद बाल से क्या होता है ?

यह सब मैं किसी दूसरे से नहीं कह रहा हूँ, अपने आपको ही समझा रहा हूँ। द्विमुखी संघर्ष है यह—दूसरों को भ्रमित करना और मन को समझाना। दूसरों से भय नहीं। सफेद बालों से किसी और का क्या बिगड़ेगा ? पर मन तो अपना है। इसे तो समझाना ही पड़ेगा कि भाई तू परेशान मत हो। अभी ऐसा क्या हो गया है ! यह तो पहिला ही है। और फिर अगर तू नहीं ढीला होता, तो क्या बिगड़ने वाला है !

पहिले सफेद बाल का दिखना एक पर्व है। दशरथ को कान के पास सफेद बाल दिखे, तो उन्होंने राम को राजगद्दी देने का संकल्प किया। उनके चार पुत्र थे। उन्हें देने का सुभीता था। मैं किसे सौंपूं ? कोई कंधा मेरे सामने नहीं है, जिस पर यह गौरवमय भार रख दूं। किस पुत्र को सौंपूं ? मेरे एक मित्र के तीन पुत्र हैं। सबेरे यह मेरा दशरथ अपने कुमारों को चुल्लू-चुल्लू पानी मिला दूध बाँटता है। इनके कंधे ही नहीं हैं— भार कहाँ रखेंगे ? बड़े आदमियों के दो तरह के पुत्र होते हैं—वे जो वास्तव में हैं, पर कहलाते नहीं हैं और वे जो कहलाते हैं, पर हैं नहीं। जो कहलाते हैं, वे धन-सम्पत्ति के मालिक बनते हैं और जो वास्तव में हैं, वे कहीं पंखा खींचते हैं [illegible] माँजते हैं। होने से कहलाना ज्यादा लाभदायक है।

अपना कोई पुत्र नहीं। होता तो मुश्किल में पड़ जाते। क्या देते ? राज-पाट के दिन गये, धन-दौलत के दिन हैं। पर पास ऐसा कुछ नहीं है, जो उठाकर दे दिया जाय। न उत्तराधिकारी है, न उसका प्राप्य। यह पर्व

क्या बिना दिए चला जाएगा ?

पर हम क्या दें ? महायुद्ध की छाया में बढ़े हम लोग; हम गरीबी और अभाव में पले लोग; केवल जिजीविषा खाकर जिये हम लोग—हमारी पीढ़ी के बाल तो जन्म से ही सफेद हैं। हमारे पास क्या है ? हाँ, भविष्य है, लेकिन वह भी हमारा नहीं, आने वालों का है। तो इतना रंक नहीं हूँ—विराट भविष्य तो है। और अब उत्तराधिकारी की समस्या भी हल हो गई। पुत्र तो पीढ़ियों के होते हैं। केवल जन्मदाता किसी का पिता नहीं होता। विराट भविष्य को एक पुत्र ले भी कैसे सकता है ? इससे क्या कि कौन किसका पुत्र होगा, कौन किसका पिता कहलायगा ! मेरी पीढ़ी के समस्त पुत्रो ! मैं तुम्हें वह भविष्य ही देता हूँ। यद्यपि वह अभी मूर्त्त नहीं हुआ है, पर हम जुटे हैं, उसे मूर्त्त करने। हम नींव में धँस रहे हैं कि तुम्हारे लिए एक भव्य भविष्य रचा जा सके। वह तुम्हारे लिए एक वर्तमान बनकर ही आयेगा—हमारा तो कोई वर्तमान भी नहीं था। मैं तुम्हें भविष्य देता हूँ और इस देने का अर्थ यह है कि हम अपने आप को दे रहे हैं, क्योंकि उसके निर्माण में अपने-आपको मिटा रहे है। लो, सफेद बाल दिखने के इस पर्व पर यह तुम्हारा प्राप्य सँभालो। होने दो हमारे बाल सफेद। हम काम में तो लगे हैं—जानते हैं कि काम बन्द करने और मरने का क्षण एक ही होता है।

हमें तुमसे कुछ नहीं चाहिए। ययाति जैसे स्वार्थी हम नहीं हैं जो पुत्र की जवानी लेकर युवा हो गया था। बाल के साथ, उसने मुँह भी काला कर लिया।

हमें तुमसे कुछ नहीं चाहिए। हम नींव में धँस रहे हैं; लो हम तुम्हें कलश देते हैं।

गली तो चारों बंद हुईं !

स्कूल में था तब यह पद सुना था—'गली तो चारों बन्द हुईं अब हरि से मिलूं कैसे जाय।' मीरा के बारे में उस समय कुछ नहीं जानता था। मेरा सारा ध्यान प्रथम पंक्ति पर अटककर रह गया। सोचा—कहने वाले की जहाँ-तहाँ उधारी रही होगी, तभी तो साहूकारों से बचने के लिए उसने उन गलियों से निकलना छोड़ दिया था।

हर लड़का ऐसा नहीं सोचेगा। मेरे ऐसे सोचने का कारण था। पिताजी की आर्थिक हालत उन दिनों बहुत खराब थी और वे हम लोगों के पालन के लिए कहाँ तहाँ कर्ज करते थे। सहपाठियों की देखादेखी यदि अच्छे कपड़े या जूते की माँग करता, तो वे खीझकर कहते, "कहाँ से लाऊँ! उधारी के कारण तो रास्ते बन्द हो गये हैं।"

गीत की पंक्ति को सुनकर मेरे मन ने तरह-तरह के अनुमान लगाये थे। गीत लिखने वाले को जीने के लिए आटा-दाल-नोन-तेल-लकड़ी की उधारी करनी पड़ती होगी और साहूकार कर्ज के मामले में अपने भगवान को भी नहीं छोड़ेगा। साहूकार परलोक जाता होगा, तो सबसे पहले यह पता लगाता होगा कि यहाँ ब्याज की दर क्या है और दीवानी कचहरी है या नहीं। उसका कोई कर्जदार नर्क में हो और वह स्वर्ग में, (वैसे इसे असम्भव ही समझिये) तो वह वसूली के लिए अपना 'ट्रांसफर' नर्क का करा लेगा।

ऐसे ही विकट साहूकारों के डर से गीतकार ने गालियाँ छोड़ी होंगी और गाया होगा—'गली तो चारों बन्द हुईं हरि से मिलूं कैसे जाय।'

पर नीति है कि राजा के पीछे और साहूकार के आगे रहना चाहिए।

राजा सनकी माना जाता है और साहूकार समझदार।

अगर राजा किसी बात पर क्रुद्ध हो गया तो आगे वाले आदमी की गर्दन उतरवा लेगा, पीछे वाला बच जायेगा।

आदमी की गर्दन उतरवाना राजाओं के लिए खेल होता था। किसी देश के प्रवासी राजा को अमेरिका में फांसी देने की एक नयी कल दिखाई गई। राजा ने सहज ही कहा, "मेरे इन नौकरों में से किसी को फांसी देकर दिखाइये।"

साहूकार के सामने रहने से उस पर ईमानदारी की धाक जमती है और वह सोचता है कि यह दे ही देगा।

कहावतें अपनी जगह पर ठीक हैं। भुगतने वाला कहावतें नहीं बनाता, उसे फुरसत नहीं होती। और जो कहावत बनाता है, वह भुगतता नहीं। यह साहूकारों की बनाई नीति मालूम होती है जिससे उनकी आगामी पीढ़ियों को कर्जदार की गर्दन पकड़ने में सुभीता हो। बड़ा से बड़ा सूरमा जो घमासान युद्ध में दुश्मन के बीच बेखटके घुस जाता है, साहूकार के सामने पत्ते-सा कांपने लगता है। सिकन्दर, सीजर, नेपोलियन, प्रताप, शिवाजी की बहादुरी के किस्से ही हमारे सामने आये हैं। यह शोध बाकी है कि साहूकारों के सामने इनका क्या हाल होता था। शेरपा तेनसिंग हिमालय की चोटी पर तो चढ़ गया, पर नेपाल के अपने उस गाँव में नोन-तेल-लकड़ी उधार देने वाले उस साहूकार की गली में निकलना उसे दस एवरेस्ट चढ़ने के बराबर लगता होगा। हिमालय की चोटी पर खड़े, दुनिया के सबसे ऊँचे उस आदमी ने भी आसमान के कान में यही बात कही होगी कि उसे साहूकार के तीन रुपये तेरह आने देना है।

लेकिन पृथ्वी बिल्कुल वीर-विहीन नहीं हो गई है। मैंने ऐसे भी नरपुंगव देखे हैं जो साहूकार से इस ठाठ से बात करते हैं मानो वही उनका कर्जदार हो। मेरे एक परिचित ही थे। वे कल चुकाने के वादे पर आज लाख रुपये भी उधार ले सकते थे। जब कोई तकाजा करने आता तो वे उसे डांटते—आ गये सबेरे-सबेरे! तुम्हारे रुपये खा जाऊँगा क्या? कौन दस, पांच हजार दे दिये हैं! सौ पचास तो किसी भी दिन बाएँ हाथ से फेंक दूंगा। मगर उनके बाएं हाथ ने कभी भी इस तरह रुपयों का

अपमान करना स्वीकार नहीं किया। कुछ दिनों में साहूकार ने आना बन्द कर दिया। मैं खुश था कि दुनिया में पहली बार साहूकार की पराजय हुई। पर एक दिन वह बड़े सबेरे अचानक उनका सामान कुर्क कराने आ गया।

सहनशील साहूकार ज्यादा खतरनाक होता है। एक अर्से तक वह आपको ढाल देता रहेगा और जब आप समझ रहे होंगे कि वह भूल गया है, वह गर्दन अचानक पकड़ लेगा। इसलिए कुछ दिन उसके सामने से निकलना चाहिए, साहस से दुआ-सलाम भी करना चाहिए। फिर उसे धीरे-धीरे टालना चाहिए, ब्लेंक-लुक देना चाहिए। 'ब्लेंक-लुक' देना भी एक कला है। अगर साहूकार की सड़क से निकलना है तो अच्छे कद्दावर दोस्तों के बीच चलिये, ताकि साहूकार की दृष्टि के वार से बचने के लिए उनके कन्धे ढाल बन सकें। अगर मित्र छः फुटा नहीं हो तो उससे बातचीत में इतने मशगूल हो जाइये कि आसपास देखना ही न पड़े, मानो आप किसी गम्भीर अन्तर्राष्ट्रीय समस्या पर विचार कर रहे हों और छेड़ने से विश्व-शान्ति को खतरा हो जायेगा। अगर वहाँ से अकेले ही निकलना पड़े तो सड़क की दूसरी ओर के साइन बोर्डों को पढ़ते हुए निकल जाइये, या साहूकार की ओर वाली आँख को इस परेशानी से मलते हुए निकल जाइये कि कम्बख्त कीड़ा घुस गया है। कई तरीके हैं—क्षितिज के पार झिलमिल के देश में, ठीक सामने किसी 'मूरत' को देखते बढ़े चलिये। अगर रहस्यवादी कवि हुए, तो उस पार तम के लोक में झाँकते हुए मुख को देखने में सुभीता रहेगा। शून्य पर ध्यान न टिके तो चौराहे पर जाते हुए किसी परम मित्र की कल्पना करके घबराकर सीधे देखते हुए झपटिये। सबसे अचूक नुस्खा है फ़िलासफ़र बन जाना—कर्ज़दार और फ़िलासफ़र में विशेष अन्तर भी नहीं है। दोनों दुनिया से मुँह छुपाते हैं। जमीन या आसमान दोनों में से एक को ताकते हुए बेखटके निकल जाइये। इनमें से कोई भी तरीका काफी होगा। लेकिन जैसे मौत के सामने धनवंतरि का नुस्खा भी नाकामयाब रहता है, वैसे ही साहूकार जब ऊपर टूटेगा, तो इनमें से कोई तरकीब काम न देगी।

कुछ दिन इस तरह 'ब्लेंक-लुक' देने के बाद वह रास्ता छोड़ा जा

सकता है । अदालत से दी जाने वाली मियाद की तरह यह समय निकालना होता है । पर इसमें एक जबर्दस्त खतरा है—अगर कभी कहीं अन्यत्र आमना-सामना हो गया तो साहूकार गर्दन पकड़कर कहेगा, क्यों साहब, पैसे खा जाने के इरादे हैं क्या ? अब तो वह रास्ता ही छोड़ दिया ।

सबसे मुश्किल टालना मकान मालिक का होता है। दूसरों को टालने के लिए आप घर छोड़ सकते हैं, घर पर न मिलने का इंतज़ाम कर सकते हैं। पर दिन-भर कहीं भी रहें, रात को तो घर लौटना ही पड़ता है। सबेरे नींद खुलने के पहिले अगर मकान मालिक आ गया तो सुन्दर सपने तक नष्ट हो जाते हैं । कहते हैं भोर का सपना सच्चा होता है। अगर सुबह आदमी अपना तिमंजिला मकान बनवा रहा हो, पूरा बन चुका हो, सिर्फ रंग-बिरंगी पुताई रह गयी हो, इसी समय अगर मकान मालिक आकर जगा दे, तो तिमंज़िला भवन एक क्षण में ध्वस्त हो जाय। चाहे नींद हराम हो, पर आदमी को अपने सपने बरबाद नहीं होने देना चाहिए।

कर्ज़ में पहिले झिझक होती है, तगादों से शर्म आती है, रास्ता छोड़ने में ग्लानि होती है। ये अपरिपक्व मनुष्यता के लक्षण हैं। परिपक्वता तब आती है जब आदमी इनमें गर्व का अनुभव करता है । हमारा ख्याल बनता जा रहा है कि उधारी कोई दैवी व्यापार है। उधार का माल नकद के माल से अधिक पवित्र और महत् होता है। सुदामा जब कृष्ण से मिलने गये, तो जो पाव-भर चावल भेंट के लिए ले गये थे, उन्हें ब्राह्मणी पड़ोसिन से उधार लाई थी। उन उधारी के चावलों को जब कृष्ण ने खाया, तो तुरन्त दो लोकों का राज दे दिया। देवताओं में तो उधारी की प्रथा इस हद तक थी कि नारद विष्णु से उनका चेहरा ही उधार माँग कर ले गये थे। पर उस भुवनमोहिनी ने रहस्य जान लिया और कर्ज़दार के बदले साहूकार के गले में जयमाला डाल दी । सुन्दरी कभी व्यावहारिक भी हो जाती है ।

शायद उधारी कोई परम पवित्र लोकोत्तर प्रवृत्ति है जो महान आत्माओं में निवास करती है । 'ग़ालिब' परिणाम जानते हुए भी कर्ज की मय पीते थे—

कर्ज की पीते थे मय ग्रौर कहते थे कि हाँ,
रंग लायेगी हमारी फाकामस्ती एक दिन।

गोल्डस्मिथ पर इतना किराया चढ़ गया था कि एक दिन मकान मालकिन ने उन्हें मकान में ही कैद कर दिया। गोल्डस्मिथ ने किस कदर ग्रपने मित्र डॉ० जान्सन को खबर दी ग्रौर जान्सन ने ग्राकर उनके 'विकार ग्राफ वेकफील्ड' की पांडुलिपि ली ग्रौर उसे साठ पौंड में बेचकर किराया चुकाया ग्रौर कवि को मुक्त कराया।

उस दिन एक महान लेखक के बारे में जब यह पढ़ा कि वे बनियों से बचने के लिए तीन-तीन मील का चक्कर लगाया करते थे, तो ऐसा लगा कि मेरी ग्रौर उनकी साधना में ढाई मील का ग्रन्तर है—मुझे ग्रभी सिर्फ ग्राधा मील का चक्कर लगाना पड़ता है।

ग्रब तो कर्ज की एक फ़िलासफ़ी बना ली है—जिसके पास जरूरत से ज्यादा है वह देता है ग्रौर जिसके पास जरूरत से कम है वह उधार लेता है। जब लेने वाले के पास भी जरूरत से ज्यादा हो जायगा तब वह पटा देगा।

ग्रगर एक के पास जरूरत से ज्यादा ग्रौर दूसरे के पास जरूरत से कम न होता, तो यह उधारी की प्रथा ही न बनती। ग्रापकी केतली में चाय है। मुझे चाय पीना है। मैं एक कप पी लूंगा, दो कप पी लूंगा, ग्राग्रह पर तीसरा भी पी सकता हूँ। मगर चौथा कप मैं हरगिज नहीं लूंगा। उस समय मैं सर्वोच्च नैतिक स्तर पर रहूँगा। न ग्रापकी चाय मांगूंगा, न चुराऊंगा, ग्रौर न छीनूंगा। पर जब तक एक की केतली भरी है ग्रौर दूसरे को चाय नहीं मिली है, तब तक उस केतली की खैर नहीं है।

विनोबा ने ग्रामवासियों को एक बार बड़ी नेक सलाह दी थी—"कर्ज चुकाने की चिन्ता मत करो। जो कमाग्रो उसमें से पहिले ग्रच्छा खाग्रो, ग्रच्छा पहिनो। बच्चों को ग्रच्छा खिलाग्रो-पिलाग्रो। फिर ग्रगर दो-चार पैसे भी बचें तो साहूकार को दे दो। उससे कह दो, कि हम पटायेंगे जरूर, पर जो बचेगा वही देंगे। तुम्हारे पास जरूरत से ज्यादा था, तुमने हमें दे दिया। हमारे पास जरूरत से ज्यादा जो होगा, हम तुम्हें

दे देंगे।"

एक दिन हम अपने साहूकार को जब यह दर्शन समझाने लगे, तो वह बोला, "जनाब, अगर यह जानता कि आपके विचार इतने सुलझे हुए हैं, तो एक कौड़ी उधार न देता।"

मुझे सुलझे विचारों ने बार-बार मारा है।

गेहूँ का सुख

मुझे याद नहीं इस घर में इतना गेहूँ इकट्ठा कभी आया हो—विवाह और गमी के मौकों को छोड़कर। पर विवाह पिछले दस सालों मे कोई नहीं हुआ। गमी एकाध हुई, पर श्राद्ध और ब्राह्मण-भोजन मैंने होने नहीं दिये। हमारे यहाँ रोज ही ब्राह्मण-भोजन होता है क्योंकि हम रोज ही करते हैं—और हमारे पुरखे ब्राह्मण कहलाते थे। मुझे याद है कि प्राथमिक शाला में कापी पर मैं लिखता था—

नाम—हरिशंकर

जाति—ब्राह्मण

आगे चलकर मुझे यह मानना संभव नहीं हुआ कि शरीर मे स्वतंत्र कोई आत्मा होती है, जो किसी लोक में बैठी-बैठी देखा करती है कि मेरे परिवार वालों ने किस-किस ब्राह्मण को भोजन कराया; डालडा का उपयोग किया कि शुद्ध घी का और मोतीचूर के लड्डू खिलाये कि नहीं। मेरी अल्प बुद्धि में यही आया कि अगर आत्मा कहीं स्वतंत्र रूप में रहती भी हो, तो वह, जो शुद्ध-बुद्ध रूप में स्थित है, यह देखकर बड़ी कुढ़नी होगी कि कितने नालायक हैं मेरे बेटे, जो इतने निठल्लों को अकारण ही माल खिला रहे हैं। यों सयानों ने मुझे डर दिखाया कि पुरखों की सद्गति नहीं होगी, पर मैंने सोचा कि अपात्रों-कुपात्रों को खिलाने और दान देने के पाप से पुरखों की सद्गति तो नहीं, दुर्गति जरूर हो जायगी।

तो इतना गेहूं कई सालों से नहीं आया। आज छोटा भाई जब एक साथ तीन बोरे ले आया, तो मेरी हालत उस मुफ़सिल प्रेमी जैसी हो गयी, जिसके घर एकाएक उसकी ऐश्वर्यशालिनी प्रेमिका आ जाय, जिस

पर उसने यह रंग बाँध रखा है कि मैं भी रईसज़ादा हूँ। बड़ी झेंप लगी, इन बोरों के सामने। इनका सत्कार कैसे करें? कैसी अभ्यर्थना करें? गेहूँ की मात्रा की उस महत्ता के सामने हम सब अपने को बहुत हीन समझने लगे। मेरे मन में प्रार्थना उठी—पधारो देव! हम नहीं जानते, कैसे तुम्हारा स्वागत करें! हमने कल्पना नहीं की थी कि आप कभी इस मात्रा में हमारे द्वार आयेंगे। ग़रीब की कुटी में तीन बोरे आकर आपने मुहल्ले में हमारी इज़्ज़त काफी बढ़ाई है और हम आपको भीतर लाने में इसलिए देर कर रहे हैं कि लोग देख लें कि हमारे घर आप आये हैं। हम कैसे इस सौभाग्य को बटोरें? आपको कहाँ आसन दें? 'कभी हम आपको देखते हैं और कभी घर को देखते हैं।' हमारे पास एक मन से अधिक की कोठी है ही नहीं। किसे पता था कि कभी इस ठाठ से भी आप आयेंगे।

हम सब अभिभूत थे। भाई ने ठेले पर से बोरे उतरवाकर बरामदे में रखवाये और एक हाथ कमर पर रख दूसरे से पसीना पोंछते हुए कुछ इस तरह मेरी ओर देखा मानो कह रहा हो 'तुमने मुझे कभी किसी योग्य नहीं समझा। आज देखो, मेरी सामर्थ्य। तुम कभी इतना गेहूँ लाये?'—ठीक कहता है। मुझसे कभी यह नहीं बना। जो-जो मुझसे नहीं बना, वह सब भाई कर दिखा रहा है।

मैं अपने मन को इस नई परिस्थिति के अनुकूल नहीं कर पा रहा हूँ। प्रसन्न हूँ, पर एक भयानक शिथिलता भी मेरे मन में है। वर्षों से जब-तब थोड़ी-थोड़ी मात्रा में गेहूँ के प्रबन्ध के प्रयत्न और चिन्ता का अभ्यासी मन आगामी कुछ महीनों की निश्चितता की कल्पना से सहम गया है। अपने प्रयत्नों को अब कौन राह मिलेगी? मैं सुखी भी हूँ और दुखी भी। निःसंतान के घर, उमर चढ़े, पुत्र हो पर प्रसव में स्त्री मर जाय, तो उसे कैसा लगेगा? अपनी सत्ता का एक भाग जो हमेशा गेहूँ में उलझा रहता था, एकदम बेकार हो गया और मुझे उस समय लगा कि जिस मात्रा में जी रहा था, उससे कुछ कम मात्रा में जीना पड़ेगा। मर के कितने ही कोठे हैं जिनमें जरूरतें भरी हैं—एक गेहूँ का कोठा है, एक वस्त्रों का, एक मकान का। आज गेहूँ का कोठा खाली हो गया। मन कुछ रीता हो गया।

मेरा एक दोस्त मुझसे कहा करता है—'पुराने जमाने में किसी राजा के पास अगर एक महीने की रसद भी होती थी, तो वह दूसरे राज्य पर हमला कर देता था। तुम्हारे पास अगर एक हफ्ते की रसद हो, तो तुम सारी दुनिया पर हमला बोल देते हो।' उसका ख्याल है कि मुझे बोरों की चाह नहीं है। लेकिन ग़लत है। चाह न होती, तो इन तीन बोरों को द्वार पर देख कर कबीर की तरह माथा न ठोंक लेता—

'बूढ़ा बंस कबीर का, उपजे पूत कमाल !'

संचय के बिना भी जो बेखटके जी सके, ऐसा बिरला होता है। सामान्य आदमी के लिए यह तभी संभव है, जब उसके भाग की प्राप्ति निश्चित हो। ऐसी व्यवस्था में जहाँ अपना प्राप्य बिल्कुल अनिश्चित हो, कोई संतों की तरह कैसे जिये कि—

चाह गई, चिंता घटी मनुआ बेपरवाह।
जिनको कछू न चाहिए ते शाहनपति शाह॥

जिसे घर भरे बिना सुरक्षितता की अनुभूति होती है और जो निर्भय, निर्द्वन्द जीता है, उसका मन कितने कठोर अनुशासन में से गुजरता होगा। कबीर था ऐसा, जो 'आठों पहर मस्तानमाता' रहता था क्योंकि 'काल को निचोरिकै अमृत्त' पीने की दम थी उसमें। उसके लिए गेहूँ का बोरा छोटी चीज थी।

हमारे लिए नहीं। हमारे उस आदि पुरुष आदम ने गेहूँ के लिए स्वर्ग को लात मार दी थी। उसने गेहूँ खा लिया था तो उसे जन्नत से ही निकाल दिया गया। गेहूँ खाना इतना बड़ा अपराध कैसे हो गया ? धर्म की नज़र अकसर ऐसी विसंगत हो जाती है। जो पानी छानकर पीते हैं, वे आदमी का खून बिना छना पी जाते हैं। तब, जब गेहूँ के निर्यात पर प्रतिबंध था, एक जून का आटा अँगोछे में बाँधकर चलने वाले किसान को सज़ा हो जाती थी और उधर हज़ारों बोरे गेहूँ रातों-रात सीमा पार हो जाता था, काले बाज़ार में बिकने के लिए। न्याय को अंधा कहा गया है—मैं समझता हूँ, न्याय अंधा नहीं, काना है, एक ही तरफ देख पाता है। आदम इस न्याय-धर्म का शिकार हुआ। स्वर्ग के निवासियों को गेहूँ खाने वाले से इतनी नफ़रत क्यों हुई ? मुझे लगता है—स्वर्ग के वासियों

ने सोचा होगा कि आदमी को गेहूँ का चसका लग गया है; अब यह गेहूँ पैदा करेगा, खेत जोतेगा, अनाज बोयेगा, फ़सल काटेगा—यानी परिश्रम करेगा। वे स्वयं तो बिना खुद पैदा किया खाद्य खाते थे। जिन्हें पसीना सिर्फ गरमी और भय से आता है, वे श्रम के पसीने से बहुत डरते हैं। स्वर्ग के आलसी, निठल्ले, परोपजीवी निवासी, कर्मी मनुष्य से डरे होंगे और घबड़ाहट में उसे बाहर निकाल दिया होगा।

गेहूँ व्यर्थ बदनाम हुआ। उसका कोई अपराध नहीं। यहाँ तो उसने हमारी मनःस्थिति ही बदल डाली। मैंने बोरे में हाथ डालकर मुट्ठी भर निकाला और देख कर कहा—'अच्छा है!' कुछ ऐसी अदा से राय ज़ाहिर की, गोया ज़िंदगी-भर गेहूँ की दलाली करता रहा हूँ। मेरे एक प्रौढ़ मित्र, जो गेहूँ से लेकर राजनीति तक की दलाली करते हैं, मुझे निहायत बेवक़ूफ़ आदमी समझते हैं, क्योंकि मैं दलाली नहीं करता और जो करता हूँ, वह बहुत बेमतलब है। वे दलाली को जीवन का चरम लक्ष्य मानते हैं। पर मैं इस मौके पर बिलकुल दलाल का अभिनय कर उठा। बहुत से गेहूँ में हाथ डालने को मिले, इस लोभ में कोई भी दलाल हो सकता है।

इस गेहूँ में सबसे अच्छा गुण यह है कि यह इसी भूमि का है। आगे तो विदेशी गेहूँ खाना पड़ेगा। गेहूँ के साथ न जाने किन-किन बीमारियों के कीटाणु चले आते हैं। बाहर से आने वाले गेहूँ में एक खास जीवन-पद्धति के कीटाणु बड़ी संख्या में आ रहे हैं और इन कीटाणुओं को मारने की ताकत सिर्फ प्रतिफलित संस्कृति में होती है—उस संस्कृति में जो आचरण में प्रतिफलित हो गई है। (किताब में लिखी हुई में नहीं।) जिनकी रोग-निवारण शक्ति कम है, वे बीमार भी पड़ रहे हैं। यों लोग विश्वास दिलाना चाहते हैं कि इस गेहूँ में कोई कीटाणु नहीं; यह शुद्ध है। पर हमें विश्वास नहीं, हम देख चुके हैं कि मेंचेस्टर से आने वाले कपड़े में कहीं 'यूनियन जैक' छिपा था, जो मौका पाते ही फहराने लगा। बड़ा डर लगता है, बाहर के गेहूँ से।

यह अपना गेहूँ बड़ा सुखदायी है। इसने जादू कर दिया है। कल भाई-बहन में किसी बात पर खटपट हो गई थी। आज दोनों ने बोरे का एक-एक सिरा पकड़कर जब घसीटा, तो मन मिल गये। बोरा सेतु बन गया।

बच्चे अधिक आज्ञाकारी और शिष्ट हो गये हैं। हम अधिक उदार भी हो गये हैं। टूटी संदूक कहारिन कई दिनों से माँग रही है और हम उसे टाल रहे हैं। आज उसे बिना माँगे ही दे दी।

गेहूँ के तीन बोरों ने ऐसा परिवर्तन कर दिया। मनुष्य-जीवन पर कितने ही मनीषियों ने, दार्शनिकों ने सोचा है और लिखा है, पर गेहूँ की बात अकसर भूल गये हैं। कुछ लोग गेहूँ की बात को 'भौतिक' कहकर मुँह चिढ़ाते हैं। अगर भौतिक बुरा है, तो सबसे बड़ी भौतिक क्रिया तो जन्म धारण करना ही है। तो भाई, भौतिकता से पिंड छुड़ाने के लिए मरते क्यों नहीं? उपनिषद् का वह ब्रह्मचारी मूर्ख नहीं था, जिसने छूटते ही कहा था कि अन्न ब्रह्म है। लेकिन अब कुछ लोग गेहूँ से गुलाब की ओर इस तरह ले जाते हैं, जैसे गेहूँ जरूरत से ज्यादा हो गया, इसलिए गुलाब की खेती करना चाहिए। जहाँ उजड़े हुए गेहूँ के खेत हों, वहाँ गुलाब की फ़सल किस काम आयगी? ज़िंदगी के बारे में जो सोचेगा वह भला गेहूँ को छोड़ देगा? सबसे पहिले सोचेगा।

निंदा-रस

क—कई महीने बाद आये थे। सुबह चाय पीकर अखबार देख रहा था कि वे तूफ़ान की तरह कमरे में घुसे; 'साइक्लोन' की तरह मुझे अपनी भुजाओं में जकड़ा। मुझे धृतराष्ट्र की भुजाओं में जकड़े भीम के पुतले की याद आ गई। वह धृतराष्ट्र की ही जकड़ थी। अन्धे धृतराष्ट्र ने टटोलते हुए पूछा, "कहाँ है भीम? आ बेटा, तुझे कलेजे से लगा लूं।" और जब भीम का पुतला उनकी पकड़ में आ गया, तो उन्होंने प्राण-घाती स्नेह से उसे जकड़कर चूर कर डाला।

ऐसे मौके पर हम अकसर अपने पुतले को अँकवार में दे देते हैं; हम अलग खड़े देखते रहते हैं। क—से क्या मैं गले मिला? क्या मुझे उसने समेट कर कलेजे से लगा लिया? हरगिज नहीं। मैंने अपना पुतला ही उसे दिया। पुतला इसलिए उसकी भुजाओं में सौंप दिया कि मुझे मालूम था कि मैं धृतराष्ट्र से मिल रहा हूँ। पिछली रात को एक मित्र ने बताया कि क—अपनी ससुराल आया है और ग—के साथ बैठकर शाम को दो-तीन घंटे तुम्हारी निन्दा करता रहा। इस सूचना के बाद जब आज सबेरे वह मेरे गले लगा तो मैंने शरीर से अपने मन को चुपचाप खिसका दिया और निस्नेह, कँटीली देह उसकी बाँहों में छोड़ दी। भावना के अगर कांटे होते तो उसे मालूम होता कि वह नागफनी को कलेजे से चिपटाये है। छल का धृतराष्ट्र जब आलिंगन करे, तो पुतला ही आगे बढ़ाना चाहिए।

पर वह मेरा दोस्त अभिनय में पूरा है। उसके आँसू भर नहीं आए, बाकी मिलन के हर्षोल्लास के सब चिह्न प्रगट हो गए—वह गहरी आत्मी-

यता की जकड़, नयनों से छलकता वह असीम स्नेह और वह स्नेह-सिक्त वाणी।

बोला, "अभी सुबह गाड़ी से उतरा और एकदम तुमसे मिलने चला आया, जैसे आत्मा का एक खंड दूसरे खंड से मिलने को आतुर रहता है।" आते ही झूठ बोला कम्बख्त—कल का आया है, यह मुझे मेरा मित्र बता गया था। इस झूठ में कोई प्रयोजन शायद उसका न रहा हो। कुछ लोग बड़े निर्दोष मिथ्यावादी होते हैं; वे आदतन, प्रकृति के वशीभूत झूठ बोलते हैं। उनके मुख से निष्प्रयास, निष्प्रयोजन झूठ ही निकलती है। मेरे एक रिश्तेदार ऐसे हैं। वे अगर बम्बई जा रहे हैं और उनसे पूछें तो वे कहेंगे, "कलकत्ता जा रहा हूँ।" ठीक बात उनके मुँह से निकल ही नहीं सकती। क—भी बड़ा निर्दोष, सहज-स्वाभाविक मिथ्यावादी है।

वह बैठा। कब आये? कैसे हो?—वगैरह के बाद उसने ग—की निन्दा आरम्भ कर दी। मनुष्य के लिए जो भी कर्म जघन्य हैं, वे सब ग—पर आरोपित करके उसने ऐसे गाढ़े काले तारकोल से उसकी तस्वीर खींची कि मैं यह सोचकर काँप उठा कि ऐसी ही काली तस्वीर मेरी ग—के सामने इसने कल शाम को खींची होगी।

सुबह की बातचीत के इस 'एजेंडा' में ग—प्रमुख विषय था। फिर तो जिस परिचित की बात निकल आती, उसी को चार-छै वाक्यों से धराशायी करके वह बढ़ देता।

अद्भुत है मेरा यह मित्र। उसके पास दोषों का 'केटलॉग' है। मैंने सोचा कि जब यह हर परिचित की निन्दा कर रहा है, तो क्यों न मैं लगे हाथ अपने विरोधियों की 'गत' इसके हाथों करा लूं। मैं अपने विरोधियों का नाम लेता गया और वह उन्हें निन्दा की तलवार से काटता चला। जैसे लकड़ी चीरने की आरा मशीन के नीचे मजदूर लकड़ी का लट्ठा खिसकाता जाता है और वह चिरता जाता है, वैसे ही मैंने विरोधियों के नाम एक-एक कर खिसकाए और वह उन्हें काटता गया— फलां चापलूस है···अमुक नम्बर एक व्यभिचारी है···अमुक अपनी औरत को अफसरों के यहाँ भेजकर तरक्की पाता है' कैसा आनन्द था! दुश्मनों को रण-क्षेत्र में एक के बाद एक कटकर गिरते हुए देखकर योद्धा को ऐसा ही सुख होता

होगा।

मेरे मन में गत रात्रि के उस निंदक मित्र के प्रति मैल नहीं रहा। दोनों एक हो गये। भेद तो रात्रि के अंधकार में ही मिटता है; दिन के उजाले में भेद स्पष्ट हो जाते हैं। निन्दा का ऐसा ही भेद-नाशक अँधेरा होता है। तीन-चार घंटे बाद, जब वह विदा हुआ, तो हम लोगों के मन में ऐसी शांति और तुष्टि थी जैसे चर्च से निकलते हुए धार्मिक ईसाई के मन में होती है।

निन्दा की ऐसी ही महिमा है। दो-चार निन्दकों को एक जगह बैठकर निन्दा में निमग्न देखिए और तुलना कीजिये दो-चार ईश्वर-भक्तों से, जो रामधुन लगा रहे हैं। निन्दकों की-सी एकाग्रता, परस्पर आत्मीयता, निमग्नता भक्तों में दुर्लभ है। इसीलिए सन्तों ने निन्दकों को 'आँगन कुटी छवाय' पास रखने की सलाह दी है।

कुछ "मिशनरी" निन्दक मैंने देखे हैं। उनका किसी से बैर नहीं, द्वेष नहीं। वे किसी का बुरा नहीं सोचते। पर चौबीसों घंटे वे निंदा-कर्म में बहुत पवित्र भाव से लगे रहते हैं। उनकी नितांत निर्लिप्तता, निष्पक्षता इसी से मालूम होती है कि वे प्रसंग आने पर अपने बाप की पगड़ी भी उसी आनन्द से उछालते हैं, जिस आनन्द से अन्य लोग दुश्मन की। निन्दा इनके लिए 'टॉनिक' होती है। हमारी एक पड़ौसिन वृद्धा बीमार पड़ी थी। हमसे पानी माँगकर पीती थी—उठा नहीं जाता था। सहसा किसी ने आकर कहा कि पड़ौसी डाक्टर साहब की लड़की किसी के साथ भाग गई। बस, चाची एकदम उठीं और काँखते-काँखते दो-चार पड़ौसियों को यह शुभ संवाद अपने व्यक्तिगत 'कमेंट' के साथ सुना आईं। उस दिन से उनकी हालत सुधरने लगी।

ट्रेड यूनियन के इस जमाने में निन्दकों के संघ बन गये हैं। संघ के सदस्य जहाँ-तहाँ से खबरें लाते हैं और अपने संघ के प्रधान को सौंपते हैं। यह कच्चा माल हुआ। अब प्रधान उनका पक्का माल बनाएगा और सब सदस्यों को 'बहुजन हिताय' मुफ़्त बाँटने के लिए दे देगा। उत्पादन की इस प्रक्रिया को यों समझा सकते हैं—एक सदस्य ने कहा कि विमला और नरेन्द्र ने चुपचाप शादी कर ली। यह कच्चा माल हुआ। अब पक्का

माल जो बनेगा, वह यह होगा—विमला को पाँच-छः माह का गर्भ था, इसलिए जल्दी से घबड़ाकर ब्याह कर लिया। यह फुरसत का काम है, इसलिए जिनके पास कुछ और करने को नहीं होता, वे इसे बड़ी खूबी से करते हैं। एक दिन हमसे एक ऐसे संघ के अध्यक्ष ने कहा, "यार, आजकल लोग तुम्हारे बारे में बहुत बुरा-बुरा कहते हैं।" हमने कहा, "आपके बारे में मुझसे कोई भी बुरा नहीं कहता। लोग जानते हैं कि आपके कानों के घूरे में इस तरह का कचरा मजे में डाला जा सकता है।"

ईर्षा-द्वेष से प्रेरित निन्दा भी होती है। लेकिन इसमें वह मजा नहीं जो मिशनरी भाव से निन्दा करने में आता है। इस प्रकार का निन्दक बड़ा दुःखी होता है। ईर्षा-द्वेष से चौबीसों घंटे जलता है और निन्दा का जल छिड़ककर कुछ शांति अनुभव करता है। ऐसा निंदक बड़ा दयनीय होता है। अपनी अक्षमता से पीड़ित वह बेचारा दूसरे की सक्षमता के चाँद को देखकर सारी रात श्वान जैसा भौंकता है। ईर्षा-द्वेष से प्रेरित निन्दा करने वाले को कोई दंड देने की जरूरत नहीं है। वह निन्दक बेचारा स्वयं दंडित होता है। आप चैन से सोइये और वह जलन के कारण सो नहीं पाता। उसे और क्या दंड चाहिए? निरंतर अच्छे काम करते जाने से उसका दंड भी सख्त होता जाता है। जैसे एक कवि ने एक अच्छी कविता लिखी, ईर्षाग्रस्त निंदक को कष्ट होगा। अब अगर एक और अच्छी लिख दी, तो उसका कष्ट दुगना हो जायगा।

निन्दा का उद्गम ही हीनता और कमजोरी से होता है। मनुष्य अपनी हीनता से दबता है। वह दूसरों की निन्दा करके ऐसा अनुभव करता है कि वे सब निकृष्ट हैं और वह उनसे अच्छा है। उसके अहं की इससे तुष्टि होती है। बड़ी लकीर को कुछ मिटाकर छोटी लकीर बड़ी बनती है। ज्यों-ज्यों कर्म क्षीण होता जाता है, त्यों-त्यों निन्दा की प्रवृत्ति बढ़ती जाती है। कठिन कर्म ही ईर्षा-द्वेष और इनसे उत्पन्न निन्दा को मारता है। इन्द्र बड़ा ईर्षालु माना जाता है क्योंकि वह निठल्ला है। स्वर्ग में देवताओं को बिना उगाया अन्न, बे बनाया महल और बिन-बोये फल मिलते हैं। अकर्मण्यता में उन्हें अप्रतिष्ठित होने का भय बना रहता है, इसलिए कर्मी मनुष्यों से उन्हें ईर्षा होती है।

निन्दा कुछ लोगों की पूंजी होती है। बड़ा लम्बा-चौड़ा व्यापार फैलाते हैं वे इस पूंजी से। कई लोगों की 'रिसपेक्टेबिलिटी' (प्रतिष्ठा) ही दूसरों की कलंक-कथाओं के पारायण पर आधारित होती है। बड़े रस-विभोर होकर वे जिस-तिस की सत्य-कल्पित कलंक कथा सुनाते हैं और स्वयं को पूर्ण संत समझने-समझाने की तुष्टि का अनुभव करते हैं।

आप इनके पास बैठिए और सुन लीजिए, "बड़ा खराब जमाना आ गया। तुमने सुना ? फलां···और अमुक···।" अपने चरित्र पर आंख डालकर देखने की इन्हें फुरसत नहीं होती। चेखव की एक कहानी याद आ रही है। एक स्त्री किसी सहेली के पति की निन्दा अपने पति से कर रही है। वह बड़ा उचक्का दगाबाज आदमी है। बेईमानी से पैसा कमाता है। कहती है कि मैं उस सहेली की जगह होती तो ऐसे पति को त्याग देती। तब उसका पति उसके सामने यह रहस्य खोलता है कि वह स्वयं बेईमानी से इतना पैसा कमाता है। सुनकर स्त्री स्तब्ध रह जाती है। क्या उसने पति को त्याग दिया ? जी हां, वह दूसरे कमरे में चली गयी।

कभी-कभी ऐसा भी होता है कि हममें जो करने की क्षमता नहीं है, वह यदि कोई करता है तो हमारे पिलपिले अहं को धक्का लगता है, हममें हीनता और ग्लानि आती है। तब हम उसकी निन्दा करके उससे अपने को अच्छा समझकर तुष्ट होते हैं।

उस मित्र की मुलाकात के करीब दस-बारह घंटे बाद यह सब मन में आ रहा है। अब कुछ तटस्थ हो गया हूं। सुबह जब उसके साथ बैठा था तब मैं स्वयं निन्दा के 'काला सागर' में डूबता-उतराता था, कल्लोल कर रहा था। बड़ा रस है न निन्दा में। सूरदास ने इसलिए इसे निन्दा सबद रसाल' कहा है।

प्रेमचंद के फटे जूते

प्रेमचंद का एक चित्र मेरे सामने है, पत्नी के साथ फोटो खिचा रहे हैं। सिर पर किसी मोटे कपड़े की टोपी, कुरता और धोती पहिने हैं। कनपटी चिपकी है, गालों की हड्डियां उभर आई हैं, पर घनी मूँछें चेहरे को भरा-भरा बतलाती हैं।

पांवों में केनवस के जूते हैं जिनके बन्द बेतरतीब बँधे हैं। लापरवाही से उपयोग करने पर बंद के सिरों पर की लोहे की पतरी निकल जाती है और छेदों में बंद डालने में परेशानी होती है। तब बंद कैसे भी कस लिये जाते हैं।

दाहिने पांव का जूता ठीक है, मगर बाएँ जूते में बड़ा छेद हो गया है, जिसमें से अंगुली बाहर निकल आई है।

मेरी दृष्टि इस जूते पर अटक गयी है। सोचता हूं—फोटो खिचाने की अगर यह पोशाक है, तो पहिनने की कैसी होगी ? नहीं, इस आदमी की अलग-अलग पोशाकें नहीं होंगी—इसमें पोशाकं बदलने का गुण नहीं है। यह जैसा है, वैसा ही फोटो में खिच जाता है।

मैं चेहरे की तरफ देखता हूं। क्या तुम्हें मालूम है, मेरे साहित्यिक पुरखे, कि तुम्हारा जूता फट गया है और अँगुली बाहर दिख रही है ? क्या तुम्हें इसका जरा भी अहसास नहीं है ? जरा लज्जा, संकोच या झेंप नहीं है ? क्या तुम इतना भी नहीं जानते कि धोती को थोड़ा नीचे खींच लेने से अँगुली ढक सकती है ? मगर फिर भी तुम्हारे चेहरे पर बड़ी बेपरवाही, बड़ा विश्वास है ! फोटोग्राफर ने जब 'रेडी प्लीज़' कहा होगा, तब परम्परा के अनुसार तुमने मुस्कान लाने की कोशिश की होगी, दर्द

के गहरे कुएँ के तल में कहीं पड़ी मुस्कान को धीरे-धीरे खींचकर ऊपर निकाल रहे होंगे कि बीच में ही 'क्लिक' करके फोटोग्राफर ने 'थैंक यू' कह दिया होगा। विचित्र है यह अधूरी मुस्कान। यह मुस्कान नहीं है, इसमें उपहास है, व्यंग्य है!

यह कैसा आदमी है, जो खुद तो फटे जूते पहिने फोटो खिचा रहा है, पर किसी पर हँस भी रहा है!

फोटो ही खिचाना था, तो ठीक जूते पहिन लेते, या न खिचाते। फोटो न खिचाने से क्या बिगड़ता था? शायद पत्नी का आग्रह रहा हो और तुम, 'अच्छा, चल भई' कहकर बैठ गये होंगे। मगर यह कितनी बड़ी 'ट्रेजडी' है कि आदमी के पास फोटो खिचाने को भी जूता न हो। मैं तुम्हारी यह फोटो देखते-देखते, तुम्हारे क्लेश को अपने भीतर महसूस कर के जैसे रो पड़ना चाहता हूँ, मगर तुम्हारी आँखों का यह तीखा दर्द भरा व्यंग्य मुझे एकदम रोक देता है।

तुम फोटो का महत्त्व नहीं समझते। समझते होते, तो किसी से फोटो खिचाने के लिए जूते माँग लेते। लोग तो माँगे के कोट से वर-दिखायी करते हैं। और माँगे की मोटर से बारात निकालते हैं। फोटो खिचाने के लिए तो बीवी तक माँग ली जाती है, तुमसे जूते ही माँगते नहीं बने! तुम फोटो का महत्त्व नहीं जानते। लोग तो इत्र चुपड़कर फोटो खिचाते हैं जिससे फोटो में खुशबू आ जाय। गन्दे से गन्दे आदमी की फोटो भी खुशबू देती है।

टोपी आठ आने में मिल जाती है और जूते उस जमाने में भी पाँच रुपये से कम में क्या मिलते होंगे। जूता हमेशा टोपी से कीमती रहा है। अब तो जूते की कीमत और बढ़ गयी है और एक जूते पर पचीसों टोपियाँ न्योछावर होती हैं। तुम भी जूते और टोपी के आनुपातिक मूल्य के मारे हुए थे। यह विडम्बना मुझे इतनी तीव्रता से पहिले कभी नहीं चुभी, जितनी आज चुभ रही है, जब मैं तुम्हारा फटा जूता देख रहा हूँ। तुम महान कथाकार, उपन्यास-सम्राट, युग-प्रवर्त्तक, जाने क्या-क्या कहलाते थे, मगर फोटो में भी तुम्हारा जूता फटा हुआ है!

मेरा जूता भी कोई अच्छा नहीं है। यों ऊपर से अच्छा दिखता है।

अँगुली बाहर नहीं निकलती, पर अँगूठे के नीचे तला फट गया है। अँगूठा जमीन से घिसता है और पैनी गिट्टी पर कभी रगड़ खाकर लहूलुहान भी हो जाता है। पूरा तला गिर जायगा, पूरा पंजा छिल जायगा, मगर अँगुली बाहर नहीं दिखेगी। तुम्हारी अँगुली दिखती है, पर पाँव सुरक्षित है। मेरी अँगुली ढकी है, पर पंजा नीचे घिस रहा है। तुम पर्दे का महत्त्व ही नहीं जानते, हम पर्दे पर कुर्बान हो रहे हैं!

तुम फटा जूता बड़े ठाट से पहिने हो! मैं ऐसे नहीं पहिन सकता। फोटो तो जिन्दगी-भर इस तरह नहीं खिचाऊँ, चाहे कोई जीवनी बिना फोटो के ही छाप दे।

तुम्हारी यह व्यंग्य-मुस्कान मेरे हौसले पस्त कर देती है। क्या मतलब है इसका? कौनसी मुस्कान है यह?

—क्या होरी का गोदान हो गया?

—क्या पूस की रात में सूअर हलकू का खेत चर गये?

—क्या सुजान भगत का लड़का मर गया; क्योंकि डॉक्टर क्लब छोड़कर नहीं आ सकते?

नहीं, मुझे लगता है माधो औरत के कफ़न के चन्दे की शराब पी गया। वही मुस्कान मालूम होती है।

मैं तुम्हारा जूता फिर देखता हूँ। कैसे फट गया यह, मेरी जनता के लेखक?

क्या बहुत चक्कर काटते रहे?

क्या बनिये के तगादे से बचने के लिए मील दो मील का चक्कर लगाकर घर लौटते रहे?

चक्कर लगाने से जूता फटता नहीं है, घिस जाता है। कुम्भनदास का जूता भी फ़तहपुर सीकरी जाने-आने में घिस गया था। उसे बड़ा पछतावा हुआ। उसने कहा—

आवत जात पन्हैया घिस गई, बिसर गयो हरि नाम!

और ऐसे बुलाकर देने वालों के लिए कहा था—जिनके देखे दुख उपजत है, तिनकों करबो परै सलाम!

चलने से जूता घिसता है, फटता नहीं है। तुम्हारा जूता कैसे फट

गया ?

मुझे लगता है, तुम किसी सख्त चीज को ठोकर मारते रहे हो। कोई चीज जो परत पर परत सदियों से जमती गई है, जिसे शायद तुमने ठोकर मार-मारकर अपना जूता फाड़ लिया। कोई टीला जो रास्ते पर खड़ा हो गया था, उस पर तुमने अपना जूता आजमाया।

तुम उसे बचाकर, उसके बगल से भी तो निकल सकते थे। टीलों से समझौता भी तो हो जाता है। सभी नदियाँ पहाड़ थोड़े ही फोड़ती हैं, कोई रास्ता बदल कर, घूम कर भी तो चली जाती हैं।

तुम समझौता कर नहीं सके। क्या तुम्हारी भी वही कमजोरी थी, जो होरी को ले डूबी, वही 'नेम-धरम' वाली कमजोरी ? 'नेम-धरम' उसकी भी जंजीर थी। मगर तुम जिस तरह मुस्करा रहे हो, उससे लगता है कि शायद 'नेम-धरम' तुम्हारा बन्धन नहीं था, तुम्हारी मुक्ति थी !

तुम्हारी यह पाँव की अँगुली मुझे संकेत करती-सी लगती है, जिसे तुम घृणित समझते हो, उसकी तरफ हाथ की नहीं, पाँव की अँगुली से इशारा करते हो ?

तुम क्या उसकी तरफ इशारा कर रहे हो, जिसे ठोकर मारते-मारते तुमने जूता फाड़ लिया ?

मैं समझता हूँ। तुम्हारी अँगुली का इशारा भी समझता हूँ और यह व्यंग्य-मुस्कान भी समझता हूँ।

तुम मुझ पर या हम सभी पर हँस रहे हो, उन पर जो अँगुली छिपाये और तलुआ घिसाये चल रहे हैं, उन पर जो टीले को बरकाकर बाजू से निकल रहे हैं। तुम कह रहे हो—मैंने तो ठोकर मार-मारकर जूता फाड़ लिया, अँगुली बाहर निकल आई, पर पाँव बच रहा और मैं चलता रहा, मगर तुम अँगुली को ढाँकने की चिन्ता में तलुवे का नाश कर रहे हो। तुम चलोगे कैसे ?

मैं समझता हूँ। मैं तुम्हारे फटे जूते की बात समझता हूँ, अँगुली का इशारा समझता हूँ, तुम्हारी व्यंग्य-मुस्कान समझता हूँ !

कबिरा आप ठगाइये...

मनुष्य का जीवन यों बहुत दुखमय है, पर इसमें कभी-कभी सुख के क्षण आते रहते हैं। एक क्षण सुख का वह होता है जब हमारी खोटी चवन्नी चल जाती है या हम बग़ैर टिकिट बाबू से बचकर निकल जाते हैं। एक सुख का क्षण वह होता है, जब मुहल्ले की लड़की किसी के साथ भाग जाती है और एक सुख का क्षण वह भी होता है, जब 'बॉस' के घर छठवीं लड़की होती है।

इनमें कुछ सुख वे होते हैं जिन्हें हम कमाते नहीं हैं, वे हमारे लिए हमारी कोशिश के बिना आ जाते हैं, जैसे 'बॉस' के घर छठवीं लड़की का जन्म। मगर कुछ सुख हम कमाते हैं, जैसे खोटा सिक्का चला देना। जब से नये सिक्के चले हैं, खोटी चवन्नी चलाने का सुख जाता रहा। अब उसकी स्मृति ही शेष है। हम जेब में हाथ डालकर अँगुलियों से टटोल कर खोटी चवन्नी निकालते थे। उसे बेपरवाही से पान वाले की तरफ़ बढ़ाते थे। भीतर धड़कन होती थी मगर चेहरे पर हम शान्ति बनाये रखते थे। जब पानवाला उसे अपनी चिल्लर में डाल लेता, तब हमें परम आनंद की उपलब्धि होती थी।

यह ठगने का सुख है। इसे ही ब्रह्मानंद कहा गया है। ब्रह्मानंद तब प्राप्त होता है, जब साधक परमात्मा को ठग लेता है। कई तपस्वी ब्रह्मानंद की प्राप्ति के लिए पूरी जिंदगी साधना में बरबाद कर देते थे। वे अगर स्थानीय पानवाले के पास एक खोटी चवन्नी चला देते, तो उन्हें सहज ही ब्रह्मानंद प्राप्त हो जाता।

ठगते देवता भी हैं। विष्णु ने तो एक सुन्दर स्त्री का रूप धारण करके

अपने साथी और मित्र शंकर को ही ठग लिया था—जैसे कोई प्रोफेसर दूसरे प्रोफेसर का पेपर आउट कर दे। ठगने की 'क्लासिक' घटना वह है जब विष्णु चिर एकाकी, विगत यौवन, भयंकर विवाहेच्छु नारद को स्वयंवर में जाने के पहिले बंदर का चेहरा दे देते हैं। ज़िंदगी-भर बेचारा मुनि एकतारे पर 'नारायण नारायण' बोलता रहा और नारायण ने उसे ठग लिया। इंद्र ने तो तपस्वियों को ठगने के लिए अप्सराओं की एक पलटन ही रखी थी और कई मुनि इसी आशा से तपस्या करते थे कि तपस्या भंग करने के लिए इन्द्र कोई अप्सरा भेजेगा। पर कोई-कोई इसमें भी ठगा जाते थे—वे ज़िंदगी भर तपस्या करते और कोई अप्सरा नहीं आती थी। आत्मा पुकारती—देवराज, अप्सरा भेजो ! हम तपस्या कर रहे हैं। और इन्द्र जवाब देता—अभी कोई 'स्पेयर' (खाली) नहीं है। कृष्ण तो रोज ही किसी को ठगते थे ! ब्रज की गली में कोई गोपी रोज ही 'ठगी सी' खड़ी रहती थी। प्रेम में ठगना जरूरी है। जब प्रेम बहुत गहरा हो जाता है, तब प्रेमिका प्रेमी को छलिया, कपटी और ठग कहने लगती है। जो जितना बड़ा ठग होगा, वह उतना ही बड़ा प्रेमी होगा।

मगर कबीरदास कहते हैं कि ठगाने में भी सुख है। कहा है—

> कबिरा आप ठगाइये और न ठगिये कोय।
> आप ठगे सुख होत है और ठगे दुख होय॥

यह बात मेरे गले नहीं उतरती। मैं तो पिछले महीने ही बड़ी सफाई से ठगा गया, मगर मुझे सुख नहीं हुआ।

मैं दिल्ली स्टेशन पर अपने मित्र के साथ पठानकोट एक्सप्रेस में चढ़ा। खिड़की के पास बैठे एक सज्जन ने (जिन्हें आगे मैं सज्जन नहीं कह सका) दस का नोट दिखाते हुए मुझसे पूछा—"दस छोटे नोट होंगे ?" मैंने झट जेब में हाथ डाला और नोट निकालकर गिनने लगा। कुल नौ नोट थे। वे बोले—"कोई बात नहीं। एक बाद में ले लूंगा। मुझे नौकर को दो रुपये देना है।" मैंने उन्हें नौ नोट दे दिये। वे झट खिड़की की तरफ मुड़े और नौकर को पुकारा— "रंगनाथ, ये ले।" उसे दो रुपये दे दिये। मैंने सोचा—दस का नोट बाद में ले लूंगा। यह साथ ही तो सफ़र कर

रहा है।

मैं ग्रपने मित्रों से विदा लेने लगा। गाड़ी चल दी। मैंने खिड़की की तरफ देखा, तो वह ग्रादमी गायब था। (यहाँ से मैं उसे सज्जन नहीं, सिर्फ ग्रादमी कहूँगा) मैंने ग्रासपास के लोगों से पूछा तो उन्होंने कहा कि वे यहाँ बैठे जरूर थे, पर ग्रभी कहीं चले गये। मैं उसे पूरी तरह पहिचान भी नहीं सका था। मुझे उसके नौकर का नाम ग्रलबत्ता याद था—रंगनाथ। मैंने पूरे डब्बे के दो-तीन चक्कर लगा डाले। जो ग्रादमी मुझे उस जैसा दिखता मैं उसी से पूछता—"क्यों साहब, ग्रापने क्या रंगनाथ को दो रुपये दिये थे ?" वह पूछता—"कौन रंगनाथ ?" मैं चुपचाप ग्रागे बढ़ जाता।

मेरे दोस्त ग्रौर वे तीन-चार यात्री मेरी हलचल देख रहे थे। उन्होंने पूछा—"ग्राप उन्हें क्यों खोज रहे हैं ? क्या दस का नोट नहीं लिया ?"

मैंने सोचा, ग्रगर कह दूंगा कि मैंने नोट नहीं लिया तो ये सब मुझे महामूर्ख समझेंगे। फिर उन लोगों के साथ मैं लम्बा सफ़र कैसे तय करूँगा, जो मुझे बेवकूफ समझते हैं। इससे ज्यादा डर मुझे मेरे उस दोस्त का था। वे मुझे पैसा उड़ाने पर बहुत डाँटते थे। एक हफ्ते में दिल्ली में हम लोग पास का सब पैसा ग्रौर उधार लेकर भी खर्च कर चुके थे। मेरे पास कुछ चिल्लर ही ग्रब बची थी ग्रौर उनके पास भी ४-६ रुपये पड़े थे।

मैं झूठ बोल गया। मैंने कहा—"नहीं, मुझे ही उन्हें एक रुपया देना है।" उन्हें बड़ा ग्रचरज हुग्रा कि कोई ऐसा ग्रादमी भी इस धरती पर है, जो पैसा लेने वाले को ढूंढ़ रहा है। वे लोग बोले—"तो ग्राप क्यों परेशान हैं ? वह खुद ग्रापको ढूंढ़ लेगा।"

हार कर मैं सो गया। झाँसी में जब सुबह हुई, तो मैंने देखा कि सामने से ऊपर की बर्थ से उतरकर एक ग्रादमी मेरे पास ग्राया। मैंने पहचान लिया। वही था। मैंने कहा—"ग्ररे, ग्राप कहाँ गायब हो गये थे ?" उसने कहा—"मैं थका था, इसीलिए सो गया था।" मेरे दोस्त ने कहा—"ये तो ग्रापको बहुत खोजते रहे।" उसने सहज भाव से कहा—"ग्राप क्यों परेशान हुए साहब ? एक ही रुपये की तो बात थी। मिल जाता।"

मेरे मन में काँटा चुभा। वह चुपचाप पड़ा-पड़ा मेरी बात सुन रहा था। पर अब मैं उससे दस का नोट कैसे माँगूं? मैं सबसे कह चुका था कि मुझे ही उसे एक रुपया देना है। अब अगर मैं उससे दस का नोट माँगूं, तो ये सब मुझे ही ठग समझेंगे। मैंने चिल्लर इकट्ठी करके उसे एक रुपया और दे दिया।

मैं ठगा गया। पर जिस सुख का संकेत कबीरदास ने किया है, वह मुझे नहीं हुआ। चाय और नाश्ता तो मेरे मित्र ने अपने पैसे से करा दिया। वे आगे उसी गाड़ी में बढ़ गये और मैं दूसरी गाड़ी में जबलपुर तक भूखा बैठा रहा।

कबीर के इस दोहे पर मैं बार-बार विचार करता रहा। आखिर उनका मतलब क्या है? उन्होंने उलटबासियाँ जरूर कही हैं, पर यह तो उलटबासी नहीं है। एकाएक मुझे सूझा कि कबीरदास ने यह नहीं बताया कि किससे ठगने से सुख होता है। आखिर ठगने वाला कैसा होना चाहिए? दूसरे पदों में इसका पता किया। वह ठगने वाला नहीं है, ठगने वाली है। उसका नाम 'माया' है—'माया महा ठगिन हम जानी'। यह माया ब्रह्मा को ठगने के लिए ब्राह्मणी बनी बैठी है और शिव को ठगने के लिए भवानी बनकर बैठी है। कबीर पन्थी साधु गाते हैं—'ठगनी क्या नैना मटकावै!' वे सब ठगने वाली माया को जानते हैं। सिर्फ मैं अभागा नहीं जानता। 'माया महा ठगिन हम जानी'—महात्मा, तुम तो जानी, पर हम तो नहीं जानी कि ठगाना हो तो माया से ठगाना चाहिए। हम तो तैयार बैठे हैं कि हमें माया आकर ठगे। माया खाली न हो तो उसकी 'सिस्टर' ही आकर ठग ले, या कोई माया की सहपाठिनी ही ठग ले। इनसे ठगने से तो सचमुच सुख होगा। पर ये तो नहीं आयीं। ठगा गया रंगनाथ के उस बेईमान मालिक से।

कबीर के इस दोहे का बाकी अर्थ भी मेरे सामने उघड़ गया। दूसरी पंक्ति में कहा है—'आप ठगे सुख होत है, और ठगे दुख होय'—याने आप अगर किसी को ठगेंगे तो आपको सुख होगा। कोई और उसे ठग लेगा तो आपको दुख होगा कि हम उसे नहीं ठग पाये।

एक प्रकाशक मुझसे उस दिन कह रहा था कि अमुक प्रकाशक तो

आपको ठग रहा है। उसे दुख हो रहा था कि दूसरा प्रकाशक मुझे ठग रहा था और वह नहीं ठग पा रहा था।

मगर यह प्रचार कि मैं तो ठगा जाता हूँ—दूसरे को ठगने की भूमिका बन सकता है। एक आदमी ने अपना प्रचार कर रखा था कि मैं तो बालक की तरह भोला हूँ और मुझे कोई भी ठग लेता है। उसके प्रशंसक कहते थे—अरे भई, उसे तो कोई भी ठग लेता है। कोई उससे उसकी लँगोटी भी माँगे, तो वह उतार कर दे देगा।

मैं एक दिन उस सन्त के पास गया। मैंने देखा कि उनके पास ही दूसरों की उतरवायी हुई १५-२० लँगोटियाँ रखी हैं। बात यह थी कि उसके सामने लोग जब जाते, तो यह मानकर कि वह तो बहुत भोला है, अपनी लँगोटी की तरफ से असावधान हो जाते और वे धीरे से गफ़लत में उसकी लँगोटी उतार लेते। मैं फ़ौरन अपनी लँगोटी बचाकर भागा।

मैं भी सोचता हूँ कि जब ठगा गया हूँ तो एक बार किसी को ठग-कर देखूँ। अगर अब भी माया ठगने नहीं आयी तो मैं खुद रंगनाथ के मालिक को ढूंढ़ कर ठगूंगा।

मखमल की म्यान

कल से मैं एक 'जिमनास्टिक' कर रहा हूँ। डबल बार? सिंगल बार? मल्लखंभ? नहीं, ये तो सब ग्रासान हैं। मैं कुहनी तक हाथों को जोड़कर, अपनी नाक ठीक कुहनियों के बीच में लाकर, नमस्कार करने का अभ्यास कर रहा हूँ। कल सुबह उस बड़े कलाकार को मैंने इस प्रकार नमस्कार करते देखा है। तभी से मुझ पर यह धुन सवार है।

फिल्म और रंगमंच के एक प्रसिद्ध कलाकार अपने व्यवसाय के लिए, नगर में आये थे। मंच का कलाकार बड़ी आसानी से जन-साधारण की भावनाओं पर कब्जा कर लेता है—काव्य में भी मंचीय गीतकार को ही लोग सबसे बड़ा कवि मानते हैं; मंच-विमुख बड़े से बड़ा कवि भी उनके लिए अपरिचित होता है। अभिनेता तो और ज्यादा खींचता है। पिताजी चाहे बंडल दबाए स्टेशन से घर पैदल आ जावें, पर अगर एक्टर-एक्ट्रेस किसी गाड़ी से गुजर रहे हैं तो बेटा जरूर स्टेशन पर जायेंगे। स्वाभाविक है। अभिनेता अगर चतुर है तो बिना बंगला जाने, बिना काव्य समझे, रवीन्द्रनाथ के दो-चार गीत रटकर प्रसंग-अप्रसंग-कुप्रसंग में सुना दे तो उसकी काव्य-मर्मज्ञता पर लोग न्योछावर होंगे। अगर खादी धारण करने लगे, तो महान देशभक्त कहलायगा। अगर कुछ रकम बाढ़-पीड़ित-फंड में दे दे, तो वह महान जनवादी हो जायगा। और तब इस जनवादी युग में वह 'लोक-कलाकार', 'लोक-मंच-निर्माता, 'लोक-संस्कृति का अग्रदूत' आदि महिमा-मंडलों से अपने को घेरकर, मजे में राष्ट्रीय 'हीरो' की जिन्दगी जी सकता है।

प्रसंग से जरा हट गया हूँ। जिसे मैंने कल देखा वह वास्तव में अच्छा

कलाकार है। मैंने उसे एक सम्मान समारोह में देखा। स्टेज पर तो देख नहीं पाया क्योंकि उस 'जन-कलाकार' के जन-नाट्य के टिकिट दस और पाँच रुपये के थे। समारोह-भवन में पहुँचते ही उन्होंने कुहनी तक हाथ जोड़े, नाक को कुहनियों की ठीक सीध में किया और सिर झुकाया। एक क्षण में मशीन की तरह यह हो गया। वे उसी मुद्रा में मंच पर आये। कुहनी तक हाथों की कैसी अद्भुत संपुट थी वह! और सिर किस करीने से झुकाया! मैंने इतना अच्छा अभिवादन कभी नहीं देखा था। मैं उस विनय को देखता ही रह गया। कितना नम्र भाव! कितनी निरभिमान मुद्रा! कितनी अकिंचनता! कितना निरहंकार।

लेकिन जब वे कुर्सी पर बैठे और उस हाल में खचाखच भरे प्रशंसकों पर दृष्टि डाली तो मैं चौंका। मैंने बड़े गौर से देखा उस दृष्टि को। क्या था उस दृष्टि में? लगता था जैसे विश्व-विजेता बादशाह अपने गुलामों को देख रहा है! सच! मैंने पास बैठे मित्रों से पूछा। वे सब बड़ा कष्ट अनुभव कर रहे थे। एक-दो उठकर चल दिये। मैं बैठा रहा, पूरा खेल देखना था।

वे सम्मान का उत्तर देने को खड़े हुए। फिर कुहनी तक संपुट बाँधी। बोले, "मैं तो आपका पुत्र हूँ......आपसे आशीर्वाद लेने आया हूँ...... मैं जनता का सेवक हूँ........आशीर्वाद दीजिये कि देशवासियों की सेवा करता रहूँ!" तालियाँ पिटीं। इसके बाद उन्होंने और भी कमाल किया। न जाने उन्हें क्या समझ में आया। शायद यह कि ये सब लोग मेरे पारिवारिक जीवन में बड़ी दिलचस्पी लेते हैं, या यह कि ये सब नादान बच्चे हैं जिन्हें मैं अपनी कहानी सुनाकर बहलाऊँ; या यह कि ये सब भक्त हैं, इसलिए मेरी 'रामकथा' श्रद्धापूर्वक सुनने के पात्र हैं—जो हो, उन्होंने आत्म-चरित आरंभ कर दिया। हर वाक्य का आरंभ 'मैं' से होता। किसी-किसी वाक्य का अंत भी 'मैं' से ही होता जैसे--'दिल्ली पहुँचा मैं।' उन्होंने अब तक क्या-क्या कर डाला, यह बताया। पत्नी का परिचय दिया, प्रशंसा की और उसके 'खर्च' पर एक-दो मजाक किये। पुत्रों के चरित्रों का विवरण दिया। रिश्तेदारों का विनोदमय हाल सुनाया। अंत में फिर कुहनी तक हाथ जोड़े और वही, "मैं तो आपका

पुत्र हूँ······आशीर्वाद दीजिये······जनता का सेवक।" भाषा में प्रथम पुरुष एक वचन के सिवा सर्वनाम नहीं।

मैं उठा। अजब हाल था मेरे मन का—हँसी आ रही थी पर थोड़ा क्षोभ भी था। उन शब्दों और मुद्राओं का लक्षणार्थ मेरे कानों में गूँज रहा था, 'हे मेरे प्रशंसको! तुम सब बहुत मामूली लोग हो; मैं महान हूँ। मैंने तुम्हारे बीच आकर तुम्हें कृतार्थ कर दिया।' हाल से बाहर निकलते-निकलते, जब उन्होंने फिर कुहनी तक संपुट बाँधी और सिर झुकाया, तो मुझे लगा कि यह हम लोगों को तमाचे जड़ रहा है।

मैं मित्रों के साथ घर पहुँचा। हम लोग खूब हँसे। इससे मन का कुस्वाद कम हुआ। हम लोग बड़ी देर तक कुहनी तक हाथ जोड़कर नमस्कार करने का अभ्यास करते रहे। प्रमोद पहुँचे तक मिला लेता था, श्रीबाल कुहनी के पास तक मिला तो लेता था, पर हथकड़ी-सी पड़ी मालूम होती थी। मैं अभी तक अभ्यास कर रहा हूँ। मुझे भी छोटे-मोटे समारोहों में जाना पड़ता है, भाषण भी कभी-कभी करना पड़ता है। अगर मुझसे यह मुद्रा सध गई, तो मेरा 'शो' बढ़िया हो जायगा।

यह सब क्या विनय है? हरगिज नहीं। यह तो बड़े खतरनाक और घृणित किस्म का दंभ है। दंभ हर हालत में बुरा ही होता है, पर जब वह विनय के माध्यम से प्रकट हो, तब तो बहुत कटु हो जाता है।

अपनी बात जानता हूँ। पिछले साल एक महान् कवि की जयंती पर एक नगर में मैं भाषण दे रहा था। मेरा खूब बढ़ा-चढ़ा प्रशंसामय परिचय दिया गया था—जिस महान् की जयंती थी, उससे कुछ ज्यादा ही। मैं जब बोलने को उठा तो जो विनम्रता का भाव मैंने पहिना, उसकी कल्पना कर आज भी हँसी आती है। मैंने खूब नीचा सिर करके, हाथ जोड़, तालियाँ स्वीकारीं। फिर बोला, "मैं बहुत साधारण साहित्य-सेवी हूँ। आपके सामने बच्चा हूँ। मैं ज्ञान की बातें क्या जानूँ? मैं तो स्वयं अपनी अल्पज्ञता से लजा रहा हूँ। पर जैसा गोस्वामी जी ने कहा है—'जो बालक कहि तोतरि बाता। सुनहि मुदित मन पितु अरु माता।' मैंने डेढ़ घंटे भाषण दिया। जितना ज्ञान और अज्ञान था, सब उड़ेल दिया। घर लौटकर जब मैंने उन विनय-वाक्यों की याद की, तो बहुत लज्जित हुआ। मेरे उन

वाक्यों का अभिधार्थ विनयपूर्ण था, पर मेरे मन में कुछ ऐसा अहंकार दहाड़ रहा था, "रे मूढ़ो ! मैं परम ज्ञानी हूँ। देखो मैं अभी ज्ञान-कण बरसाता हूँ, तुम अपनी-अपनी झोली भरो।"

मैंने 'निराला' की उद्धतता देखी है। 'उग्र' की कितनी ही गर्वोक्तियाँ सुनी और पढ़ी हैं। पंडित नेहरू बर्नार्ड शा के लिए आम ले जा रहे थे, तब 'उग्र' ने कहा था—"पंडित नेहरू को यह मालूम नहीं है कि यहाँ 'उग्र' भी आम खाता है। बर्नार्ड शा के लिए आम ले जा रहे हैं, तो इस साल 'उग्र' आम नहीं खायगा।" बर्नार्ड शा की अगणित दर्पोक्तियाँ लोगों की जबान पर ही हैं। अपने को शेक्सपियर से बड़ा तो वह कहता ही था। उसकी कीर्ति जब स्थिर नहीं हुई थी, तभी उसने बड़े गर्व से लिखा था कि मैं दस सालों से अंगरेजों को समझा रहा हूँ कि मैं एक असाधारण प्रतिभा-सम्पन्न लेखक हूँ। ये सब गर्वोक्तियाँ मुझे अच्छी लगती हैं। इनके दंभ ने नक़ाब नहीं पहिना है; खुलकर प्रकट हो गया है। इनमें एक लुभावना फक्कड़पन है, जो अहंकार को गला देने पर ही उपलब्ध होता है। पर विनय के रेशमी पर्दे में छिपा अहं का काँटा बड़ा घृणित होता है, खतरनाक भी।

विनय की मुलायम मखमली म्यान के भीतर हम दंभ की प्रखर तलवार रखे रहते हैं।

गांधी-युग से 'जनता-जनार्दन' शब्द नेताओं की ज़बान पर चढ़ गया है। कितने लोग मंच से घोषणा करते हैं—"मैं जनता-जनार्दन का सेवक हूँ!" इस मखमली म्यान के भीतर अक्सर यह तलवार होती है—"मूर्खो! मैं तुम्हारा भाग्य-विधाता हूँ।" कितने हो लोगों के अहं का भालू मंच पर एकदम मेमना हो जाता है। कुछ लोग तो आठों पहर रंगमंच पर रहते हैं, हर क्षण एक्टर; दिन-रात रामलीला का 'सरूप' धरे रहते हैं। मित्रों, परिचितों तक के सामने अभिनय करते हैं। ये मनुष्य नहीं लगते, नाटक के सजे पात्र मालूम होते हैं। शेक्सपियर ने संसार को 'स्टेज' कहा है, ये लोग 'स्टेज' के भीतर 'स्टेज' बनाकर ओवर-एक्टिंग करते हैं। एक बड़े साहित्यकार से मेरा परिचय कराया गया, तो उन्होंने चौड़ी मुस्कान धारण की और हाथ जोड़ मोटर में बैठते-बैठते बोले—हिन्दी बड़ी रंक है, उसने आपके सामने झोली फैलाई है, उसे मणियों में भर दीजिये।

मुझे लगा कि परिचय होते ही ये एकदम छमक कर मंच पर चढ़ गये।

विनय के रेशमी पर्दे के पीछे अहं की कुरूपता छिपी नहीं रह सकती। अहं की प्रकृति ही प्रदर्शन की है, वह नकटे की तरह आईना देखने को उत्सुक रहता है। कुछ नकटों को आईना देखकर भी यह समझ में नहीं आता कि नकटापन कुरूपता है। वे समझते हैं कि कट जाने से नाक सुडौल हो गई। बिरले होते हैं, जो कटी नाक को विकृति स्वीकार कर लेते हैं। मेरे एक मित्र ने मुझे बताया कि उनका एक मित्र उन्हें हमेशा 'पालागी' करता है और सबके सामने कहता है कि मैं तो आपका सेवक हूँ। मित्र के मन में गर्व जागा कि वह उनकी महत्ता के सामने नतमस्तक है, गुणों के प्रति श्रद्धालु है। मित्र कहने लगे, मैं फिरूँ फूला-फूला कि यह अकड़बाज आदमी मेरा भक्त है। एक दिन गुब्बारा फूटा। वह बोला—पंडितजी, हम तो गौ-ब्राह्मण-कन्या को हमेशा पूज्य मानते हैं। वह मुझे मात्र ब्राह्मण समझकर प्रणाम करता था।

झूठी विनय के कितने ही विद्रूप देखे हैं। एक बार एक अफसर-कवि से मेरा परिचय हुआ। अफसर-कवि एक खास प्रकार का प्राणी होता है। अफसरी रौब और कवि की कोमलता में निरंतर संघर्ष चलता रहता है। उनकी बातचीत मधु की तरह थी—"आपको देख लेता हूँ तो अंतरतम के तार झंकृत हो जाते हैं।" होते होंगे। तार हम कहाँ से लावें? हमारे अंतरतम में तो नगाड़ा है—गड़गड़ाता है, झंकृत नहीं होता। मैं उन्हें पहिले ही नमस्कार कर लेता। वे समझे होंगे कि मैं उनका भक्त हो गया। अब वे सड़क पर मिलते तो दूर से ही मेरी ओर टकटकी लगाये, मेरे हाथ जुड़ने की राह देखते रहते। उत्सुकतावश उनके हाथ दो-तीन बार आधे रास्ते तक आकर फिर गिर जाते। वे पहिले हाथ कैसे उठावें? अगर मैं हाथ न जोड़ता, तो वे मेरे बगल से बिना मुझे पहिचाने निकल जाते—'अंतरतम के तार झंकृत करते हुए।' आखिर मैंने उन्हें 'ब्लेंक लुक' देना शुरू किया।—उन्हें देखता हुआ बिना नमस्कार किये निकल जाता। फिर तो वे ही कभी-कभी पहिले हाथ जोड़ने लगे। विनय का रूपक अंत तक निभा ले जाना बड़ा कठिन है। जिस कलाकार की प्रेरणा से मैं 'जिमनास्टिक' कर रहा हूँ, उसका रूपक ग़जब का है। कुहनी तक सहज

संपुट, ठीक सीध में नाक, नयनों में असीम कातरता ! बिल्कुल शिशु-सारल्य ! मगर फिर उसकी वह दर्प-दृष्टि, जिससे अनवरत शब्द झरता था—'तुच्छ तुच्छ !' और फिर वह प्रथम पुरुष एकवचन सर्वनाम !

मखमल की म्यान में छिपी तलवार ।

'बने हैं दोस्त नासेह !'

शुभचिन्तकों ने कितनों की ज़िन्दगी बरबाद कर दी ! हमारे सम्पूर्ण हिताहित को, सहज ही सोत्साह हमारी बिना मर्ज़ी के हथिया लेने वाले शुभचिन्तक से बड़ा दुश्मन कोई और नहीं। शुभचिन्तक यदि केवल 'शुभ' की 'चिन्ता' की मर्यादा में रहे, तो हम उसे बर्दाश्त कर सकते हैं। जैसे हम उस दुश्मन को सह लेते हैं जो मन में हमें गाली देता है। मगर 'शुभ-चिन्तक', 'उपदेशक' हुए बिना नहीं मानता, क्योंकि वह मानने को कतई तैयार नहीं कि तुम ठीक राह पर चल रहे हो। तुम हिमालय के शिखर पर भी बैठ जाओ, तो भी लगेगा कि तुम किसी गढ़े में पड़े हो; और यहीं से उसका काम शुरू होता है कि नसीहत की रस्सी डाल-डालकर तुम्हें उस गढ़े से बाहर खींचे या रस्सी की फांसी लगा दे ! ये शुभचिन्तक-उपदेशक मनुष्य के तन और मन के सहज निर्वाहशील धर्मों को उचित-अनुचित के परस्पर विरोधी दलों में बांटकर उसके सामने यह करो और यह मत करो की ऐसी भूल-भुलैया रच देते हैं, कि बेचारे का व्यक्तित्व भटक जाता है, खो जाता है।

कैसी मुसीबत है कि सुबह से शाम तक का सूरज की रोशनी से उजला समय इन 'बिन कारण पर उपकारी' जनों की सलाह और नसीहत सुनते-सुनते बीत जाय। गोया आपकी ज़िन्दगी, आपकी अपनी ज़िन्दगी से अधिक उनकी अपनी ज़िन्दगी है।

हमारी तो और भी मुसीबत है क्योंकि हम बड़े 'सुनने वाले' माने जाते हैं। दुनिया में हर दिन 'सुनने वाले' घटते जाते हैं और 'सुनाने वाले' बढ़ते जाते हैं। इस गिरती के ज़माने में भी मैं 'सुनने वाला' हूँ—

ठीक 'सुनने वाला' भी नहीं हूँ, 'सुन लेने वाला' हूँ। और कई लोगों की प्रतिष्ठा इसी बात पर तुली है कि मैं उनकी बात सुन लेता हूँ।

मगर मुझ जैसा परम धैर्यवान् श्रोता भी उपदेश देने वाले से कभी-कभी कह देता है, 'हे भाई! तुम्हारे बड़े-बड़े रतनारे नयनों से क्या यह नहीं सूझता कि मेरे कन्धों पर यह जो घड़े जैसी चीज रखी है, वह मेरा सिर है?' पर कोई सुनता नहीं है। शुभचिन्तक से बचना बड़ा मुश्किल है।

सोचता हूँ, ऐसा क्यों होता है? डबरे की कीचड़ में नहाने वाला गंगा-स्नान करने वाले को क्यों उपदेश देता है? गहरा गड्ढा हिमालय की ऊँचाई से क्यों कहता है, "अभी कुछ नहीं है। बहुत नीचे हो; जरा और उठो।" जो मुहल्ले में ही भटक जाता है, वह संसार-यात्रा के लिए किसी का पथ-प्रदर्शक बनने को क्यों बेहिचक तैयार हो जाता है?

एक कहानी पढ़ी थी। (लेखक का नाम याद नहीं) विधाता जब मनुष्य को बनाकर दुनिया में भेजने लगता है, तो उसके कान के पास मुंह लगाकर धीरे से कह देता है कि देख, दुनिया में सबसे अधिक अक्ल मैंने तुझी को दी है। हर एक से विधाता यही कह देता है और इसीलिए हर आदमी जन्म से ही उपदेशक हो जाता है।

पराये का अत्याचार तो आदमी भी सह लेता है, मगर अपने ही जब जुल्म ढायें, तो आदमी को बड़ी पीड़ा होती है। जिस दोस्त से प्यार की मिठास की उम्मीद हो, वह उपदेश की कड़वाहट दे! किसी ऐसी ही पीड़ा के क्षण में ग़ालिब ने कहा होगा—

ये कैसी दोस्ती है, बने हैं दोस्त नासेह
कोई चारासाज़ होता, कोई ग़मगुसार होता

× × ×

सुरेन्द्र अब यहाँ नहीं है। सुना है बम्बई में है और मज़े में है। जाने के पहिले की एक घटना मुझे खूब याद है।

एक दिन चौराहे पर पान के ठेले के सामने मिल गया। बोला, "एक सिगरेट तो पिलायेंगे न?"

मैंने कहा, "सिगरेट पीना तो मैंने छोड़ दिया।" वह तपाक से बोला, "पिलाना तो नहीं छोड़ा?"

हम लोग खिलखिलाकर हँसे और क्षण-भर में आसपास की समस्त मलिनता धुल गई।

वह गम्भीर हो गया। कहने लगा, "मैं नौकरी छोड़ रहा हूँ।"

मैंने कहा, "छोड़ दो।"

वह फिर बोला, "इस साल एम० ए० में भी नहीं बैठूंगा।"

मैंने कहा, "मत बैठो।"

वह कहने लगा, "मैं शहर छोड़कर जा रहा हूँ। कुछ समय अन्यत्र रहूँगा।"

मैंने सहज ही कह दिया, "चले जाओ।"

बस वह मुझसे लिपट गया। बोला, "एक तुम्हीं मिले हो, जिसने उपदेश नहीं दिया। जिससे भी मैंने यह बात कही वही सलाह देने लगा, 'अरे भाई लगी लगाई नौकरी मत छोड़ो; सीधे रास्ते चलो; ज़िन्दगी बरबाद मत करो! इतनी सलाह बे माँगे उड़ेली गयी है कानों में, कि परेशान हो गया हूँ।'

एक दिन देवेन्द्र मेरे कारण वड़े चिन्तित दिखे। कहने लगे, "तुम ग़लत जा रहे हो। अपनी प्रतिभा को नष्ट कर रहे हो। मालूम होता है, वह नीली आँखों की परी तुम्हारे मन में समा गयी है। कहा नहीं है? 'औरत के मत फ़रेब में आ जाईयो 'असद' (कवि की आत्मा माफ करे; उसने यह कतई नहीं कहा। उसने तो कहा है—हस्ती के मत फ़रेब में आ जाइयो असद)

मैंने देवेन्द्र से बड़ी मिठास से कहा, "मित्र, तुम मित्र ही रहो, उपदेशक न वनो, तो कुछ हर्ज है? मुझे उपदेशक असंख्य मिलते हैं। तुम्हारे दिमाग का उपदेश नहीं चाहिए, हृदय का स्नेह चाहिए। तुम्हारा हृदय मेरे हृदय में मिलकर दुगुना हो जायगा, पर तुम्हारा दिमाग़ अगर मेरे दिमाग़ में समा गया तो मेरे हाथ क्या लगेगा? तुम अगर उपदेशक हो गये, तो मैं एक मित्र खो दूंगा।"

पर देवेन्द्र ठहरे उपदेशक, और उपदेशक इतनी सरलता से किसी की बात नहीं मानता। वे उपदेश देते रहे और मैं उन्हें समझाता रहा कि 'नीली आंखों की परी' से बिलकुल डरने की बात नहीं। वह केवल

परिचिता है, मित्र होने में देर है अभी। और मित्र हो जाने के बाद तो आशंका की कोई बात ही नहीं है।

पर एक दिन वह नीली आँखों की परी मुझसे कहने लगी, "ये देवेन्द्र साहब, कुछ यूं ही आदमी दिखते हैं। एक दिन बड़े अजीब ढंग से कहने लगे, "आपके केश बड़े अच्छे हैं—बड़े स्निग्ध, बड़े चमकीले, मुझे बड़े अच्छे लगते हैं। ये चाहे जहाँ छेड़ देते हैं। मुझे डाँटना पड़ा उन्हें कि आप फालतू बातें मत करिए।"

अक्षमता नैतिक उपदेश की जननी होती है। हमारी ज़िंदगी के अनेक अभावों में से कितनी नैतिकता जन्म लेती है। पाँच गाँवों की भी माँग पर जब दुर्योधन ने पांडवों को अँगूठा दिखा दिया, तब अगर पांडवों में लड़कर ले लेने की क्षमता नहीं होती तो वे क्या करते ? वे जरूर राज-पद की निस्सारता पर भाषण देते। त्याग की महत्ता गाते; दरिद्रता को महिमा-मंडित करते। क्षुधा से पीड़ित विश्वामित्र ने जब चांडाल से मांस खाने के लिए माँगा, तब चांडाल के उपदेश देने पर यही तो कहा था कि मूर्ख उपदेश तो मेरे भीतर बहुत भरे हैं, पर इस पेट का क्या करूँ ? सब नैतिक नियम और धर्म-नीति अक्षमों को भयभीत करने के लिए बने हैं। हत्या के अपराध में जो राज्य अपराधी को प्राणदण्ड देता है, वही युद्ध में लाखों मनुष्यों को मरवा डालता है। तब उसका जयजयकार ही होता है।

लेकिन मैं बात अपनी परेशानी की कर रहा था। जो आता है, वही कहता है कि 'उस' राह गये तो काँटे चुभे 'इस' राह जाते तो काँटे न चुभते। खबरदार, 'उस' राह मत जाना ! कोई ऐसा क्यों नहीं मिलता जो काँटे निकाल दे, स्नेह से सिर पर हाथ फेरे। और मैं फिर उसी राह पर चल घायल होकर लौटूं तो उसके स्नेह की छाया फिर मेरे लिए आतुर रहे। मैं हर बार यही गलती करूँ और हर बार उसका स्नेह बढ़ता रहे। लेकिन यह भावुकता ही है। यह तो कविता हो गई और कविता का सम्बन्ध क्या जिन्दगी से होता है ? शायद हमेशा नहीं।

लोग कहते हैं कि मिलता है कभी ऐसा मित्र जो मित्र की कमज़ोरियों से भी प्यार करता है। सखी री अवगुन गुन ह्वै लगे—इसी उत्कटता की भाषा है। लोग कहते हैं कि मिलता है ऐसा मित्र जो 'मित्रता' को 'दासत्व'

नहीं होने देता, जो मित्र के व्यक्तित्व को कागज की तरह मोड़कर जेब में नहीं रखना चाहता।

लोग कहते हैं तो मिलता ही होगा। लेकिन अभी इनसे कैसे रक्षा की जाय, जो पौधे के आसपास दीवार खड़ी करके, उसकी रखवाली करके, उसे बाग का पीला पौधा बना देना चाहते हैं? क्यों नहीं उसे खुला छोड़ते? क्यों नहीं उसे सूरज की आग, वर्षा के थपेड़े और शीत की मार सहने देते, ताकि वह विशाल वट-वृक्ष बन सके?

कैलेंडर का मौसम

मेरे एक परिचित शास्त्री जी ने, जिन्होंने हिसाब लगाया है कि वेदों की रचना ठीक दस अरब वर्ष पहले हुई थी, एक दिन गणना करके मुझे बताया कि कृष्ण दुर्योधन के पास संधि-प्रस्ताव लेकर जनवरी के महीने में गये थे। तारीख तो वे नहीं बता सके, पर इतना निश्चित बताया कि वह जनवरी का प्रथम सप्ताह रहा होगा। तभी से हर साल जनवरी के महीने में मेरे मन में शंका उठती है कि पुराणकार ने ग़लत लिखा है कि कृष्ण ने संधि-प्रस्ताव रखा जिसे दुर्योधन ने ठुकरा दिया। कोई और महीना होता, तो मान भी लेता। मगर जनवरी में कौन इतना खाली बैठा है कि किसी की ओर से संधि-प्रस्ताव लेकर किसी के पास जाय! नहीं, वे इस काम से नहीं गये थे। जनवरी में हर समझदार आदमी कैलेंडर बटोरने में इतना व्यस्त रहता है कि उसे दम मारने की फुरसत नहीं मिलती। जब हर अदना आदमी, हर छोटे-बड़े व्यापारी से इस महीने कैलेंडर मांगता फिरता है, तब यह कैसे मान लूं कि कृष्ण-जैसा महापुरुष दुर्योधन जैसे राजा के पास जनवरी के पहले सप्ताह में जाय और कैलेंडर न मांगे!

कृष्ण ने ललककर कहा होगा, "राजन्, नये साल का कैलेंडर दीजिये न! सुना है बहुत अच्छा निकला है।"

दुर्योधन ने जवाब दिया होगा, "आप देर से आये। सब बंट गये। इस साल कम छपाये थे।"

कृष्ण को बहुत बुरा लगा होगा। जब हम साधारण आदमियों को कैलेंडर न मिलने पर मूर्च्छा-सी आने लगती है, तब उस महापुरुष का क्या हाल हुआ होगा! पर वह वीर था। हम-जैसा दब्बू नहीं था कि जो

दूकानदार कैलेंडर न दे, उसी की दूकान पर फिर सामान खरीदने पहुँच जाते हैं। उसने सक्रोध कहा होगा, "अच्छा, कोई बात नहीं। मैं भी देख लूंगा। अगर तुम्हारे वंश का समूल नाश न करवा दिया, तो कृष्ण नाम नहीं।"

और जब कुरुक्षेत्र में अर्जुन ने हथियार त्याग दिये और युद्ध से विमुख हो गया, तब कृष्ण ने कहा होगा, "पार्थ, तुम कौरव दल का संहार करो। यह वही दुर्योधन है, जिसने मुझे उस दिन कैलेंडर नहीं दिया था।"

बड़ी दुष्ट कल्पना है। है न? मगर मैं क्या करूँ? इस मास मेरी चेतना पर कैलेंडर छा जाता है। मुझे लगता है, सारे ब्रह्माण्ड में कैलेंडर ही कैलेंडर हैं और हर आदमी अधिक-से-अधिक कैलेंडर बटोर रहा है। ये ग्रह-नक्षत्र कैलेंडर माँगते हुए आसमान की सड़कों पर घूम रहे हैं। सूर्य सुबह से शाम तक दुनिया-भर से कैलेंडर मांगता हुआ घूमता है और फिर थककर सो जाता है। पक्षी सुबह उठकर कहते हैं, "हमें कैलेंडर दो!"

तुलसीदास ने कहा है कि अधम नर-देही का एक ही लाभ है—राम-भक्ति! मेरी धारणा है, यों तो मनुष्य-योनि पाप की खान है, पर इसमें एक परम लाभ यह है कि मनुष्य जनवरी में कैलेंडर मांग सकता है। और किसी योनि में जीव को यह ज्ञान नहीं होता कि जनवरी आ गयी, कैलेंडर बटोरने चाहिए।

लेकिन मैं अभागा हूँ। दुनिया में 'सकल पदारथ' हैं, पर वे 'कर्महीन नर' के लिए नहीं हैं। कैलेंडर की लूट मची है और मैं एक भी नहीं ला पाया। भर बरसात के दिन में वनस्पति लहलहा उठती है, केवल जवासा सूख जाता है। एक दिन मेरा एक मित्र घर आया। बैठते ही उसने दीवारों पर नजर घुमायी और मेरी ओर बड़े दयार्द्र नयनों से देखकर कहा, "अरे, तुम्हारे यहाँ तो कैलेंडर ही नहीं है।"

मैं उसकी नज़रों से बहुत गिर गया। वह भी कोई आदमी है, जिसकी दीवारें इस महीने में भी नंगी हैं! वह भी कोई वृक्ष है जिसकी शाखाएँ भर बहार में भी पत्रहीन हों। मैं ग्लानि से गल गया। जले पर नमक छिड़का पड़ोस के एक लड़के ने। वह आया और बोला, "चाचाजी, बाबूजी

ने कहा है कि शाम को हमारे यहाँ कैलेंडर देखने आइए न!"

मैं मन की पीड़ा दबाकर गया और वहाँ जो देखा, उससे अपना जीवन निरर्थक मालूम होने लगा। दीवारों पर दर्जनों रंग-बिरंगे कैलेंडर टँगे थे। गृहपति ने हर कैलेंडर की विशेषता बतलायी, उसका इतिहास बतलाया। बताया कि पिछले साल इस कंपनी के कैलेंडर में कौन-सा चित्र था और उससे पहले साल कौन-सा! उन्होंने बतलाया कि कौन कैलेंडर कितनी कठिनाई से उन्हें उपलब्ध हुआ। कहने लगे, "यह अमुक कम्पनी का कैलेंडर है। इस शहर में जो 'ब्रांच' है, उसमें सिर्फ पन्द्रह आते हैं। सब बड़े लोगों में बँट जाते हैं। मैं तीन साल से फ़िराक़ में हूँ। इस साल ऐसी तिकड़म खेली कि एक मिल ही गया। बड़े-बड़े साहब टापते हुए रह गये।"

उस क्षण मुझे लगा कि आज पुरुषार्थ का लक्षण कैलेंडर बटोरने के सिवा और कुछ नहीं है। आज हुस्नबानो होती, तो सात सवालों के जवाब न माँगती। वह कहती, 'ऐ लोगो, जो मुझे अमुक सात कंपनियों के कैलेंडर ला देगा, मैं उसी के साथ शादी कर लूंगी।'

घर में भी मेरी प्रतिष्ठा गिर गयी। घर के लड़कों ने दूसरों के घरों में कैलेंडर देखे, तो कहा, "मामा, हम लोग कैलेंडर नहीं टांगेंगे?"

मैंने डाँटकर झेंप मिटायी कि कैलेंडर टाँगने का शौक़ है! जाओ, पढ़ने बैठो! गधे कहीं के!

अपना निकम्मापन तब साकार हो गया, जब एक दूर के परिचित सज्जन एक दिन आये और बड़ी आत्मीयता से बोले, "परसाई जी, हमारा एक काम करा दीजिए। आप ही से हो सकता है। अमुक कंपनी के मैनेजर से आपकी अच्छी पहचान है। उनसे कहकर हमें एक कैलेंडर दिला दीजिये न!"

हे माँ धरित्री, तू फट जा, मैं समा जाऊँ! दूसरे लोग मेरी सिफ़ारिश से कैलेंडर पाना चाहते हैं और मैं अधम, कर्महीन अभी तक एक भी नहीं पा सका।

मेरी दीवार पर एक निहायत ग़रीब कैलेंडर टँगा है जो मकान मालिक ने शायद इसलिए भेज दिया है कि मुझे किराया देने की तारीख

याद रहे । यह बेचारा मुझसे सुबह-शाम कहता है, "हे मंदमति, मैं कैलें-डर नहीं कैलेंडरों का दासानुदास हूँ। आँखें खोल और दूसरे लोगों की दीवारों पर देख कि कैलेंडर किसे कहते हैं।"

आखिर एक दिन मेरा भाग्य भी जागा। स्टेशनरी की दूकान पर कागज खरीदकर चलने लगा, तो दूकानदार ने रुकने का इशारा किया। वह अलमारियों की आड़ में गया और वहाँ से बाकी ग्राहकों की नजर बचाकर मुझे आने का संकेत किया, जैसे परकीया परिजनों की दृष्टि बचाकर प्रेमी को अभिसार का संकेत करती है। मैं गया। उसने उसे जल्दी-जल्दी गोल लपेटा और मेरे हाथ में देते हुए धीमे स्वर में कहा, "चुपचाप ले जाइए। इसी दरवाजे से। कोई देख न ले। इस साल कम छपाये हैं।"

मैं चोर की तरह दूसरे दरवाजे से निकला। सड़क पर आया तो यह सोचकर फूल उठा कि इतने बड़े-बड़े ग्राहकों में से उसने केवल मुझे कैलेंडर का अधिकारी समझा।

रास्ते में एक मित्र साइकिल पर जा रहा था। मुझे देखा तो उतर पड़ा। मैंने सोचा, मुझे आज कोई अनदेखा नहीं कर सकता। मेरे हाथ में भी आज कैलेंडर है। उसने कहा, "कहाँ से फटकार लाये, देखूं !"

उसने उसे खोलकर देखा और लपेटते हुए कहा, "तुम्हारे ही योग्य है, यह ! अरे यह तो पिछले साल का है। उसने सिर्फ़ तारीखों के पन्ने छपवाकर जोड़ दिये हैं। मुझे दे रहा था, पर मैंने लेने से इनकार कर दिया।"

मैं जमीन पर आ गया, समझ गया, अच्छा कैलेंडर बिना पुरुषार्थ के नहीं मिल सकता। लोग साल-भर पहले दूकानदारों से कह देते हैं, "अगले साल हमें कैलेंडर जरूर देना।" फिर दिसम्बर में जाकर याद दिला देते हैं। जनवरी में हर परिचित व्यापारी से कहते हैं, "इस साल का कैलें-डर नहीं मिला हमें !"

व्यापारी आनाकानी करता है, तो कहते हैं, "नहीं साहब, हम तो इस बार ले कर ही जायेंगे।" अड़ जाते हैं, घंटों मिन्नत करते हैं। तभी जनवरी के महीने में आदमी कैलेंडरों की संख्या और सुन्दरता से छोटा या

बड़ा होता है। इक्कीस कैलेंडर वाले की बाईस वाले से तब तक अनबन रहेगी, जब तक वह एक और न ले आए। पचीस कैलेंडर वाले को घर की मालकिन वीस कैलेंडर वाली पूरी फरवरी तुच्छ समझती है।

कैलेंडर की इस स्पर्धा में जो जीता, वह बाजार में हारा। आज व्यापारी जीत गया और ग्राहक हार गया। व्यापारी पहले ग्राहक के पीछे विज्ञापन दौड़ाता था और ग्राहक उससे कतरा कर निकल जाता था। तब व्यापारी ने विज्ञापन में तारीखें जड़ीं और तस्वीर मढ़ी। अब ग्राहक विज्ञापन के पीछे दौड़ता है और विज्ञान उसे चकमा देता है।

ग्राहक समझता है, मैं जीत गया। पर कैलेंडर सुबह-शाम महीनों तक उससे कहता है कि हे गजे, अमुक तेल लगाओ, तो बाल आ जायेंगे, तब क्या वह ग्राहक कैलेंडर की सिफारिश अनसुनी कर सकता है? अच्छा ही है कि मेरी दीवारों पर कैलेंडर नहीं हैं। वरना रोज सुबह उठ कर उन पर नज़र डालता और अपनी दरिद्रता से परेशान होता। दुनिया में ऐसी-ऐसी बढ़िया चीजें हैं, और मेरे पास कुछ नहीं। इस साईकिल के बिना जीवन व्यर्थ है, इस तेल से आदमी कभी बूढ़ा नहीं होता, ये कपड़े पहने बिना जीने से क्या लाभ! इस टॉनिक को खाकर यह आदमी फौलाद का हो गया। और हम? इस बिस्कुट को खाने वाले बच्चे कैसे गोलमटोल हैं और ये मेरे घर के बच्चे? दुनिया में इतनी अच्छी-अच्छी दवाइयां हैं, तब भी मैं बुज़दिल बीमार पड़ने की हिम्मत नहीं करता!

उस ग्लानि से यह ग्लानि कम ही है कि दीवारों पर कैलेंडर नहीं हैं। मगर मेरा इकलौता गरीब कैलेंडर हवा के झोंके से फड़फड़ाकर अभी भी मुझे सचेत कर रहा है, "उठो, अभी वक़्त नहीं गया। अभी तो छब्बीस तारीख ही हुई है। कहीं से दो-चार तो ले आओ।"

आयी बरखा बहार

शहर की राधा सहेली से कहती है—हे सखि, नल के मैले पानी में केंचुए और मेंढक आने लगे। मालूम होता है, सुहावनी मनभावनी वर्षा ऋतु आ गयी।

आगे वह 'श्याम नहीं आये' वगैरह प्राइवेट वाक्य बोलती होगी, जिनसे मुझे मतलब नहीं। विरहिणी मेघ नहीं देखती, नल खोलकर केंचुए और मेंढक देखती है। वर्षा का इससे विश्वसनीय संकेत दूसरा अब नहीं है। प्राकृतिक नियम बदल गये, ऋतुओं ने मर्यादा त्याग दी, मगर इस नल ने किसी भी वर्षा ऋतु में केंचुए और मेंढक उगलने में कमी नहीं की।

सुना है कार्पोरेशन पानी की व्यवस्था में सुधार करने वाली है। मुझे डर है, इससे नगर के रागात्मक जीवन पर संकट आ जायेगा। विरहिणियों को वर्षा ऋतु का आभास नहीं होगा। उनकी भावनाएँ और उच्छ्वास दबे रहेंगे और किसी दिन विस्फोट हो जायेगा। तब भूकम्प भी हो सकता है। कम से कम शहर की सुरक्षा के लिए अब नल-व्यवस्था से कोई खिलवाड़ नहीं करना चाहिए।

नगर के भावनात्मक जीवन का इतना ध्यान अब कौन रखता है? वह ज़माना गया जब यमुना के किनारे ग्राम-पंचायत ने केलि-कुंज बनवा दिये थे। अब पार्क भी बनवाते हैं, तो उसमें हजार केण्डिल पावर का बल्ब लगा देते हैं। मेरे शहर की हालत फिर भी अच्छी है। सारे शहर को लपेटता, जो यह ओमती नाला बहता है, उसमें बरसात में घनी कुंजें बन जाती हैं। आसपास की राधाओं की सहेलियां उन्हें बजरती हैं—

अकेली मत जैयो राधे श्रोमती के तीर !

राधा पूछती है—क्यों ?

सहेली कहती है—वहाँ साँप-बिच्छू रेंगते हैं। तेरा कन्हैया कोई नाग नाथनेवाला नहीं है। वह साँप को देखकर 'अरे बाप रे' चिल्लाकर भाग जायेगा और तू अकेली रह जायेगी।

राधा को यमुना-तट पर अकेली न जाने की सलाह सहेलियाँ क्यों देती थीं ? क्या इसलिए कि वहाँ नाग रहता था ? या इसलिए कि वहाँ कृष्ण आता था ? या इस उद्देश्य से कि यह डरकर हमें साथ ले जायेगी और कल से हम इसका 'स्कैण्डल' फैलायेंगी ?

यह तो कृष्णचरित पर शोध का विषय हो गया। मैं तो कमरे में बैठा हूँ और खिड़की से झमाझम वर्षा को देख रहा हूँ। यह कमरा नहीं है, किसी ऋतु-शाला का नपना-घट है। मैं यहीं बैठे-बैठे बता सकता हूँ कि आज कितना पानी गिरा। आधा इंच तक एक कोना टपकता है, एक इंच पर दूसरा, डेढ़ इंच पर तीसरा और जब चारों कोने टपकने लगें तब समझना चाहिए कि दो इंच पानी गिर चुका। इससे ऊपर के पानी की नाप भी बीच के टपकों से ठीक-ठीक हो जाती है। सीमेण्ट चुपड़वाते हैं, डामर भरवाते हैं, मगर पानी रुकता नहीं। अब यह स्थिति है कि मकान मालिक और मैं, दोनों मकान को रोते हैं और यह तय करना मुश्किल हो जाता है कि मकान मेरा है या उनका। बरसात में जब मकान मालिक से मेरी भेंट होती है, तब मुझे लगता है, जैसे मकान मेरा है और ये मुझ से शिकायत कर रहे हैं। मैं अपराधी अनुभव करने लगता हूँ।

पर अभी उस दिन मामला हमेशा के लिए खत्म हो गया। मकान मालिक ने बताया कि पिछले कुछ वर्षों में बनी सारी सरकारी इमारतें 'लीक' करती हैं। इसकी जाँच करने के लिए सरकार ने विशेषज्ञ बैठाये थे। विशेषज्ञों ने रिपोर्ट में कहा है कि इस जगह की मिट्टी खराब है।

मुझे हैरानी है, इधर कुछ सालों में ही शहर की 'मिट्टी' कैसे खराब हो गयी ! पहले की इमारतें अच्छी हैं।

मिट्टी खराब तो जरूर है। पर कौन-सी मिट्टी ? वह मिट्टी खराब हुई है, जिससे मकान बनते हैं या वह जिसमें आदमी बनने लगे हैं ?

आदमी ही तो मकान बनाते और बनवाते हैं।

विशेषज्ञ की बात में कोई दखल नहीं दे सकता। हमने अपनी जिन्दगी ही विशेषज्ञों को सौंप रखी है। विशेषज्ञ पुल बनवा देता है और रेलगाड़ी हमें लेकर गिर पड़ती है। बरसात के पहले विशेषज्ञ इमारत पास करता है और बरसात के बाद उसका मलबा उठाने के लिए टेण्डर मँगाता है। अस्पताल में जाकर हम अपने को विशेषज्ञ को सौंप देते हैं और फिर अपने शरीर पर अपना हक नहीं रहता। राजनीति के विशेषज्ञों के हाथ सारी दुनिया ने अपने प्राण सौंप दिये हैं और वे किसी भी दिन सब के प्राण सहर्ष ले लेंगे। विशेषज्ञ के सामने किसकी चलती है! विशेषज्ञ ने कह दिया है, तो इन टपकों को मैं चुपचाप भुगतता हूँ।

बाहर जाना है पर भीगने के डर से छिपा बैठा हूँ। भीगने में भी आनन्द होता होगा, तभी बड़े-बड़े सन्त बच्चों की तरह मैदान में खड़े हो जाते थे। कबीर का दोहा है न—

गगन गरज बरसै अमी बादर गहर गंभीर।
चहुँ दिसि दमकै दामनी भींजै दास कबीर॥

यह कबीरदास का दोहा है या उनके किसी विरोधी का? किसी विरोधी ने शायद लिख दिया हो, यह बताने के लिए कि यह कबीरदास जो संत कहलाता है, कैसा पगला है! बादल गरज रहे हैं, अंधेरा छाया है, गहरे बादल हैं, बिजली चमक रही है और यह कबीर कुटिया के बाहर खड़ा भीग रहा है। प्रैक्टिकल—व्यावहारिक आदमी की नजर में यह मस्ती पागलपन और बेवकूफी तो होगी ही।

अगर यह सही है कि कबीरदास जान-बूझकर भीग रहे थे, तो एक बात निश्चित है—उनके घर में एक-दो जोड़ी सूखे कपड़े होंगे। हो भी सकते हैं, वे खुद कपड़ा बुनते थे। उन पर न महँगाई लगती थी, न मुनाफाखोरी।

मुझे भीगते डर लगता है। मैं खिड़की में से दूसरों को भीगता देख रहा हूँ और उन्हें पागल भी समझ रहा हूँ। बरसात में कुछ चीजें याद आती हैं। एक तो यह कि किसी यक्ष ने मेघ के द्वारा प्रियतमा को सन्देशा भिजवाया था। मनुष्य जाति के इतिहास में यह समस्या रही है। यह

पोस्ट और टेलीग्राफ महकमा खुलने के बाद भी हल नहीं हुई। कुछ पोस्ट-मैन चिट्ठियाँ खोल लेते हैं। उर्दू काव्य से मालूम होता है कि कुछ कवियों ने किसी आदमी के हाथ सन्देशा भेजा था। पर सन्देशवाहक प्रेमी से ज्यादा आकर्षक था, इसलिए उसने प्रेमी को उखाड़कर खुद को जमा लिया। इस घटना के बाद से खूबसूरत आदमी के हाथ सन्देशा भेजना बन्द कर दिया गया।

मेघ से सन्देशा कहलवाना बिल्कुल निरापद है। उस यक्ष से नाराज होकर बड़े साहब ने उसका तबादला कहीं दूर कर दिया होगा। मकान नहीं मिलने के कारण वह 'फेमिली' वहीं छोड़ आया होगा। इधर जब भी पड़ोस की लड़की को यक्ष देखता, उसे घर की याद आने लगती।

ऐसे ही किसी 'मूड' में उसने मेघ को ही दूत बना लिया। वह जानता तो होगा कि मेघ बोल नहीं सकता। पर सन्देशा दे देने का सन्तोष एक अलग चीज है। वह सन्देशा पहुँचता भी है या नहीं, या जिसे भेजा गया है वह उसे समझती है या नहीं—ये बातें उस क्षण ध्यान में नहीं आतीं।

मैं छठी या सातवीं कक्षा का विद्यार्थी था। मेरे घर के पास एक युवा कथावाचक रहता था जो महीनों बाहर घूमता हुआ कथा कहता था। वह बाहर से अपनी नवपरिणीता पत्नी को लम्बी-लम्बी चिट्ठियाँ लिखता। पण्डितानी की शिक्षा अक्षर-ज्ञान से विशेष आगे नहीं थी, पर विरह-विह्वल कथावाचक पत्रों में अपनी सारी प्रतिभा उड़ेल देता। वह बेचारी मुझे बुलाकर चिट्ठियाँ पढ़वाती। कथावाचक की चिट्ठी खूब भावावेश की होती थी। मैं बरामदे में खड़ा होकर ज़ोर से चिट्ठी सुनाने लगता, तो वह रोकती- -धीरे पढ़ो, भैया, धीरे। चिट्ठी में पचीसों बार आता—'प्राणाधिके! प्राणबल्लभे' हर दो वाक्यों के बाद—प्राणाधिके, प्राणबल्लभे! वह बेचारी समझ नहीं पाती थी। उसने मुझसे पूछा कि इनका क्या मतलब होता है। इन शब्दों का अर्थ तब मुझे भी नहीं मालूम था। छठी के विद्यार्थी की क्या बिसात!

मैं अपने हिन्दी के वयोवृद्ध अध्यापक के पास गया और पूछा, "सर, प्राणाधिके और प्राणबल्लभे का क्या अर्थ होता है?" उन्होंने गुस्से से

मेरी तरफ देखा और डाँटा, "तुम इन फालतू बातों में क्यों पड़ते हो !"

गुरुओं की बात मैंने कभी नहीं टाली। उन्होंने कह दिया, तो जिन्दगी भर 'इन फालतू बातों' में नहीं पड़ा।

इसी मौसम का उपयोग राम ने और ढंग से किया। 'रामचरितमानस' में राम वर्षा-वर्णन के बहाने लक्ष्मण को नीति-बोध कराने के लिए आतुर होते हैं। छोटा भाई अब मेरी एक भी नीति नहीं सुनेगा क्योंकि व्यवहार में पहले झंझटें पैदा हो चुकी हैं। किसे सम्बोधित करूँ? एक मित्र है, जो सुनता सबकी है, पर करता मन की है।

मैं उसी को सम्बोधित करता हूँ।

हे हनुमान, ये बादल कैसे उमड़ रहे हैं, जैसे २० गाने, २५ नाच, दो हत्या और एक आत्महत्या वाली 'बॉक्स-ऑफिस' फिल्म के पहले शो की भीड़ उमड़ रही हो !

देखो, सूर्य बादलों में ऐसे छिप गया जैसे नयी और पुरानी कहानी के विवाद के घटाटोप में अच्छा लेखक छिप गया हो।

हे हनुमान, कभी बादल जोर से गरजते हैं, जैसे खाद्य-मन्त्री मुनाफाखोरों को धमकी दे रहे हों। पर पानी न बरसने से गर्मी और बढ़ जाती है, जैसे खाद्यमन्त्री की हर धमकी के बाद भाव और बढ़ जाते हैं।

देखो, अंधकार में कभी-कभी बिजली चमक उठती है, जैसे किसी रद्दी कविता में एक अच्छी पंक्ति आ गयी हो।

सुनो, मेंढक कैसा शोर कर रहे हैं, जैसे जीते हुए उम्मीदवार का जुलूस निकल रहा है।

हे भाई, हवा के झोंके से ये वृक्ष इस तरह झुक-झुक पड़ते है, जैसे सेक्रेट्री की लड़की की शादी में अफसर लोग झुक-झुककर बारातियों को पान दे रहे हों।

हे बन्धु, सड़क पर मोटर राहगीरों के कपड़ों पर छींटे उछालती जा रही है, जैसे किसी 'पीले' पत्र का ताजा अंक बिक रहा हो।

हे बन्धु, इस कटे पेड़ के ठूंठ पर फिर एक हरी फुनगी फूट आयी है, जैसे संसद के चुनाव का हारा, म्युनिसिपल चुनाव में खड़ा हो गया हो।

हवा का झोंका आया और एक बौछार खिड़की से मुझ तक आ

गयी। वर्षा मुझे अपनी लपेट में ले रही है। ऐसे ही एक बार जब मैं फुटबाल का खेल देख रहा था, तब गेंद उछलकर मेरे सिर पर लगी थी और मैं खेल में शामिल कर लिया गया था। तटस्थ इसी तरह कभी-कभी लड़ाई में खींच लिये जाते हैं। सिर्फ तटस्थ होने से बचाव नहीं होता, खिड़की भी बन्द करनी चाहिए। मैंने खिड़की बन्द कर ली है। बाहर खूब पानी बरस रहा है, मगर मैं वर्षा से अछूता हूँ। मैं उसे देख भी नहीं रहा हूँ। सिर्फ ये टपके वर्षा का बोध कराते हैं, जैसे अखबार में शीतयुद्ध की खबरें पढ़ रहे हों।

नीलकंठ

कहते हैं, शंकर ने जहर पी लिया था। जिस हलाहल की ज्वाला से चराचर सृष्टि अकुला उठी, उसे शंकर सहज ही पी गये। बड़ा अच्छा किया, बड़ी बहादुरी की। पर एक प्रश्न उठता है मेरे मन में कि कंठ को नीला क्यों होने दिया? जो इतने अलौकिक शक्ति सम्पन्न थे, वे यदि चाहते, तो क्या कंठ का रंग हस्बे मामूल नहीं रख सकते थे? फिर चाहा क्यों नहीं? शायद इसलिए कि लोग कम से कम यह जान तो लें कि उन्होंने जहर पिया है। भला यह भी कोई बात है कि विष भी पियें और लोगों को मालूम भी न हो! नीला कंठ दिखाने का लोभ शंकर से संवरित नहीं हुआ। वे विष तो पचा गये, रंग नहीं पचा पाये! रङ्ग पचाना आसान नहीं है। मुझे तो सन्देह है कि यदि कण्ठ नीला पड़ने का यकीन न होता, तो शायद शङ्कर विष पीने से इन्कार कर देते।

स्वेच्छा से विष पान करने में 'नील-कण्ठता' एक बड़ा आकर्षण है। अपनी कोशिश यह होती है कि जहर तो कम से कम पियें, पर कण्ठ अधिक से अधिक नीला हो। और कोई तो गले पर नीली स्याही पोत कर 'नील-कण्ठ' बने फिरते हैं।

एक सज्जन स्वतन्त्रता-संग्राम में भाग ले चुके थे। हमारी स्वातंत्र्य सेना विजयी हुई। परम्परा है कि युद्ध में विजेता पक्ष विजित में लूट-मार करता है। पर हमारे इस संग्राम में विजित पक्ष तो सात समुद्र पार नये बम बनाने लगा। उसे कैसे जाकर लूटते? इसलिए विजितों ने एक नयी परम्परा चलायी—अपने ही पक्ष में लूटमार करने लगे। उक्त सज्जन लड़ाई में पहली कतार में थे, इस नये शूर-कर्म में अन्तिम कतार में हो

गये। कुछ हाथ नहीं लगा। तब वे बैठे-बैठे घाव दिखाकर सहानुभूति अर्जित करने लगे। स्वतन्त्रता-संग्राम ने कुछ लोगों को निठल्लेपन के संस्कार भी दे दिये थे। वे मजे में बैठे-बैठे कष्ट भुगतने लगे। लोग कहते, 'वह बेचारा बड़ी तकलीफ उठा रहा है।' वे सुनते; बड़े प्रसन्न होते। ऐसा आनन्द और गर्व अनुभव होने लगा कि यदि कहीं कोई काम-धन्धा मिलता तो भी वे नहीं करते। स्वातंत्र्य-शूर नौकरी कैसे करे? 'विक्टोरिया क्रास' वाला किसी सेठ के फाटक पर पुरानी वर्दी में चौकीदारी कैसे करे? कुछ दिनों में घाव भर गये और उन्हें देखने वाले कम हो गये। तब उन्होंने एक अच्छी नौकरी कर ली।

आत्मीय की मृत्यु पर सिर मुड़ाने के और चाहे जो कारण हों, एक यह तो है ही कि दुख स्पष्ट दिखे और उसे समाज में मान्यता मिले। सिर मुड़ाकर अजब धज बनाये, जब कोई परिचित मिल जाता है, तो इस बेचारे के हृदय में चाहे उस क्षण आनन्द हिलोरें ले रहा हो, पर उसे देखकर यह एकदम मुंह गिरा लेता है। पूछता है बड़ी गम्भीरता से (गो कि वह जानता है)—"क्यों भाई, सब कुशल तो है?" 'भैया, माताराम नहीं रहीं।' उसे अभ्यास से बैंजा हुआ उत्तर मिलता है। वह मुंह और लटका लेता है।

"राम राम। भैया, बड़ा बुरा हुआ। क्या बीमारी थी?"

"क्या बताऊँ भैया! कुछ पता ही नहीं चला। बात करते-करते चल दीं।"

"राम राम! कैसी अच्छी मौत पाई है, माताराम ने! बड़ी पुण्यात्मा रही!"

मेरे एक दोस्त के चाचा की मृत्यु हो गई। उनका कोई लड़का नहीं था, सब सम्पत्ति इसी भतीजे को मिलने वाली थी। इसने उनकी अर्थी ऐसी प्रसन्नता से बाँधी, जैसे अपनी ही शादी में मण्डप तान रहा हो। ऐसे शौक से सिर घुटाया, मानो वर्षों की लालसा पूरी हो रही हो। शाम को वह मेरे साथ घूमने निकला। रास्ते में जो परिचित मिलता, उसी से वह उदास मुंह बनाकर कहता, "भैया, तुमने तो सुन ही लिया होगा। हम पर वज्रपात हो गया।" परिचित आगे बढ़ जाता, तो वह फिर प्रसन्न हो

जाता। पुनः कोई मिल जाता तो अद्भुत तत्परता से वह दुख ओढ़ लेता और कहता, 'आपने तो सुन ही लिया होगा। हम पर दुख का पहाड़ टूट पड़ा।' हमें ८-१० परिचित मिले; उनमें से किसी ने वज्रपात और पहाड़ टूटने की बात नहीं सुनी थी। उन सब को मेरे दोस्त ने यह बात सुनाई।

अजब चस्का होता है दुख का! फोड़ा बड़ा दर्द देता है। पर फोड़े को दबाकर, छोड़कर भी तो दर्द का मजा लेते हैं। इसे 'मीठा दर्द' कहते हैं। कहते हैं दाद खुजाने का आनन्द, ब्रह्मानन्द की कोटि का होता है। हम ठीक नहीं कह सकते, क्योंकि हमें कभी हुई नहीं, यद्यपि स्नान के हम बहुत क़ायल नहीं हैं। ऐसे दर्द का चस्का जब लग जाता है, तो आदमी उपाय करके, फोड़ा उठाकर, उसका मज़ा लेता है। फिर तो दर्द व्यसन हो जाता है और इसी से प्राण-रस भी मिलने लगता है।

एक भले आदमी को मैं जानता हूँ, जिन्हें दर्द का चस्का लग गया था। एक आदमी उनसे दो सौ रुपये ले गया। साल बीत गया, पर उसने रुपये वापस नहीं किये। अब उन्होंने रोना कुढ़ना शुरू किया। एक विचित्र बात देखी—रोने कुढ़ने के बाद उनके मुख पर बड़ी प्रसन्नता, बड़ी ताज़गी आ जाती। चेहरा खिल उठता। कर्जदार ने एक दिन उनसे कहा कि हर माह पचास के हिसाब से मैं आपको चार माह में रुपये चुका दूंगा। वह पचास तुरन्त देने लगा। पर ये सज्जन लेने को तैयार नहीं। कहने लगे, 'नहीं भई, हम ऐसा नहीं करते। जैसे दो सौ ले गये थे, वैसे ही दे जाना।' वह मान गया और फिर कभी नहीं आया। इधर ये भले आदमी हर मित्र के सामने दुखड़ा रोते। जब कोई कहता—'आपको लोग बहुत तंग करते हैं। आप बड़ा नुकसान उठाते हैं।' तो ये बड़े प्रसन्न हो जाते। मुझे बड़ी देर बाद समझ में आया कि उन्होंने रुपये क्यों नहीं लिए। यदि ले लेते, तो रोने-कुढ़ने का मज़ा नष्ट हो जाता। दो सौ रुपये उन्होंने दुख के बैंक में डाल रखे थे और कुढ़न तथा शिकायत के रूप में जो ब्याज मिलता, उससे गुजर करते थे। ऐसे आदमी मुझे हठयोगी लगते हैं—काँटों पर पड़े हैं और भीड़ देख रही है।

एक बात और है। जब हम यह अनुभव करते हैं कि हम औरों से अधिक कष्ट भोगते हैं, तब हमें गर्व होता है। दूसरों की दृष्टि में भी हम

गौरवशाली बनना चाहते हैं। दर्द का ताज सिर पर रखे घूमते हैं। दुख पूज्य माना गया है और दुख को पूज्य बनाने में सबसे बड़ा हाथ दुख देने वालों का है। 'दीन धन्य हैं क्योंकि वही स्वर्ग के अधिकारी होंगे' ईसा ने कहा। ईसा तो कहकर निपट गये, पर उनके अनुयायियों ने इसका अक्षरशः पालन किया। स्वर्ग का राज्य दीनों के लिए अलग छोड़कर, पृथ्वी का राज्य खुद भोगने लगे। पर स्वर्ग के राज्य के अधिकारी भी तो बनाना चाहिए। यही सोचकर ईसा के भक्तों ने कितनी ही क़ौमों को, करोड़ों आदमियों को दीन बना दिया। 'क्रूसेड' के ज़माने से लेकर इस 'शीतयुद्ध' के ज़माने तक स्वर्ग के अधिकारी बनाये जा रहे हैं और समय से पहिले स्वर्ग भेजे जा रहे हैं।

हम नहीं जानते, यह स्वर्ग का राज्य कहाँ है। पृथ्वी पर तो वह अभी तक नहीं आया। साम्यवादी दावा करते हैं कि वे दीनों का राज्य स्थापित कर रहे हैं, पर वे तो ईसा को ही नहीं मानते। ईसा के भक्तों से उनकी लड़ाई है। तो क्या ईसा ने अपने अनुयायियों को स्वयं शापित कर दिया ? क्या अपने वचन को पूर्ण करने का कार्य उन्हें सौंपा है, जो ईश्वर के अस्तित्व को ही नहीं मानते ?

कुछ नहीं कहा जा सकता। अभी तो दुख पूज्य ही है। सम्पन्नता दिखाने की जितनी तीव्र हविस होती है, उससे कहीं अधिक ग़रीबी दिखाने की होती है।

जो दुख की केवल जय बोलते हैं, कहते हैं कि दुख आदमी को महान बनाता है, वे सरासर धोखा देते हैं। दुख आदमी को 'बड़ा' भी बना सकता है और नीच भी। मन को उजला भी कर सकता है और काला भी। वे घोर निराशा से ग्रस्त होते हैं, जो दुख का हाथ जोड़कर स्वागत करते हैं—'पधारो महाराज ! हम तो कृतार्थ हो गए।' दुख तो त्याज्य है, घृणित है ! पर इसे किस कदर आसमान पर चढ़ाया गया है। कहते हैं—

गर्दिशे ऐय्याम तेरा शुक्रिया
हमने हर पहलू से दुनिया देख ली

ठीक है। दुनिया तुम्हारे सामने खुल गयी। दोस्त धोखा दे गये,

अपने पराये हो गये। पर तुम्हारा हाल क्या हुआ ? तुम्हारा तो कचूमर निकल गया। भला यह भी कोई संतोष हुआ कि हम डूबे तो डूबे तुम्हें तो नंगा नहाते देख लिया !

दुख का ऐसा गर्व मुझे बहुत ग़लत लगता है। या तो ज़हर पियो मत, यदि पीना ही पड़े, या दूसरों के मंगल के लिए स्वेच्छा से पी लो, तो कण्ठ नीला किये मत घूमो। पर यहाँ तो मैं दुख का व्यापार फैला देखता हूँ। प्रकाशक से पुस्तक की रायल्टी माँगने गया, तो कहता है—"मैं भी आजकल 'हैंड टू माउथ' हूँ।" अंग्रेजी का अक्षर नहीं पढ़ा है, पर हमें खिसकाने के लिए अंग्रेजी मुहावरे रट लिए हैं। कुछ तो पिता या भाई की मृत्यु के बाद सहानुभूति के दलाल के ज़रिये, दुख का लम्बा-चौड़ा व्यापार वर्षों करते रहते हैं। वे स्वयं तो बाप को भूल जाते हैं, दूसरों को नहीं, भूलने देते।

एक बार हमारा भी व्यापार शुरू हो गया था। तब की बात है, जब नौकरी छोड़कर लेखन से जीविका चलाना आरम्भ किया था। लोगों ने समझाया कि यहाँ हाथी डूब गये हैं, तुम क्या थाह लोगे ? पर जब छोड़ ही दी तो सहानुभूति भी प्रकट करने लगे। कुछ पेशेवर सहानुभूति-प्रदर्शक होते हैं। पता लगाते रहते हैं कि किस पर क्या विपत्ति पड़ी है। किसी-किसी का तो चेहरा भी ऐसा होता है कि मालूम होता है, इन्हें सरकार से मातमपुर्सी के लिए वेतन मिलता है। मेरे बारे में चिन्ताएँ प्रकट की जाने लगीं—'बड़ा दुख उठा रहा है बेचारा ! अब तो शायद खाने के भी लाले पड़ने लगे। चेहरे पर कितनी परेशानी नज़र आती है।' बात उलटी थी। उन्हीं दिनों मुझे पाठ्य-पुस्तकों से दो हज़ार इकट्ठे मिले थे और मैं मजे में जी रहा था। पर यह भी सही है कि मेरे मुख पर कष्ट और परेशानी के भाव रहे होंगे। बात यह थी कि मैंने यह सोचकर कि अब जाने कब नया जूता प्राप्त होता है, एक नया जोड़ा पहन लिया था। यह बुरी तरह काटता था। बस यही एक दुख था। मैं जूते को छोड़ नहीं रहा था। ज़िंदगी भी तो कितनों को काटता हुआ जूता ही है, पर पहने रो रहे हैं। मैं पानी पीकर ज़हर पीने का श्रेय ले रहा था। कण्ठ स्याही से रँगा जा रहा था। मैंने शीघ्र ही ढीला जूता ख़रीद लिया। दर्द सहा नहीं

जाता था। और फिर दया का पात्र होना कोई सुखदायक अनुभव नहीं है। समर्थ होकर भी करुणा जैसी मूल्यवान्, लोक-मंगलकारी भावना को खींचना, सरासर चोरी है, धोखा है।

पर देख रहा हूँ कि इस ज़माने में दुहरा शोषण चल रहा है—आदमी की रोटी तो छीनी ही जाती है, उसके हिस्से की करुणा भी छीन ली जाती है। शंकर के नाम पर एक पक्षी ही 'नीलकण्ठ' बना फिरता है और श्रद्धालुओं की श्रद्धा-भक्ति लेता है। आसपास नीले कण्ठ के परिन्दे उड़ते देखता हूँ और इनकी भीड़ में वास्तव में विष-पान करने वाला बेचारा किसी कोने में दुबका खड़ा रहता है।

राम का दुख और मेरा

बादल गरज रहे हैं और मुझे गोस्वामी जी की यह अर्द्धाली याद आ रही है—

घन घमंड नभ गरजत घोरा।
प्रियाहीन डरपत मन मोरा।।

यों रामचरित मानस में पूरा वर्षा-प्रसंग नीति-शिक्षण का एक बहाना है। राम लक्ष्मण को बाढ़ पर आई क्षुद्र नदी दिखाते हैं और कहते हैं कि इसी प्रकार खल थोड़े धन से ही बौरा जाता है। राम लक्ष्मण को नीति और धर्म में बहलाए रहते हैं, अपने मन में तनिक भी झाँकने नहीं देते। केवल यहीं उनकी सावधानी ढीली हुई है, जब वे कह उठते हैं कि चारों ओर मेघ घमंड से गरज रहे हैं और मैं प्रियाहीन हूँ तो मेरा मन डरता है।

इस अर्द्धाली का क्या अर्थ है? वैसे पेशेवर रामायणी इसके दस अर्थ निकालेंगे पर उनमें वह हरगिज नहीं होगा, जो तुलसीदास का अभिप्रेय है। एक-एक चौपाई के जब ये कई अर्थ निकालते हैं, तो मेरे मन में आता है कि इनसे कहूँ कि भाई, जिसकी बात के एक से अधिक अर्थ निकलें वह संत नहीं होता, लुच्चा आदमी होता है। संत की बात सीधी और स्पष्ट होती है और उसका एक ही अर्थ निकलता है। तुम संत की बात के कई अर्थ निकालकर क्यों अनर्थ करते हो? इनके द्वारा किया गया एक अर्थ यह है—'प्रिया हीन' का अन्वय यों होगा—प्रिया-अहि-न, याने राम कहते हैं कि हे लक्ष्मण बादल गरजते हैं और मेरा मन डरता है। डर लगता है कहीं प्रिया को इस बरसात में सर्प न काट ले। इस अर्थ से चाहे कथावाचक की आरती की थाली पैसों से भर जाय, पर मेरा समाधान

कैसे होगा ? सीता दूर है, तो राम का मन डरता क्यों है ? क्या इसलिए कि न जाने सीता इस बरसात में कहाँ है ? या इसलिए कि प्रिया के विछोह से मन कमजोर हो गया ? प्रिया पास होने से क्या पुरुष अधिक निडर होता है ? लेकिन मेरा पड़ोसी बाबू तो उल्टी बात कहता है—भैया, अपन तो बाल-बच्चे वाले आदमी हैं, डरकर चलते हैं, सब की सुन लेते हैं।

राम की बात राम जानें। बादलों की गर्जन से डरता मैं भी हूँ, पर इस डर का कारण जानता हूँ और बता भी सकता हूँ। नहीं, राम वाला कारण नहीं है। मेरे डर का कारण कोई हरण की गई प्रिया नहीं है, यह मकान है, जिसकी छाया तले बैठा हूं। राम इस भय को नहीं जानते थे। वे किसी किराये के मकान में चतुर्मास काटते तो भाई को ऐसी बातें थोड़े ही सिखाते कि हे लक्ष्मण, पर्वत बूंदों के आघात को ऐसे सह रहे हैं, जैसे संतजन दुष्टों के वचन सहते हैं। वे कहते हैं कि हे लक्ष्मण ! मेरे ठीक सिरहाने एक बड़ा टपका है; मुझे रात को नींद नहीं आई। आज ठीक कराना। और लक्ष्मण 'जो आज्ञा' कहकर मकान वाले से शिकायत करने चल देते। पर्वत चाहे बूंदों का आघात कितना ही सहें, लक्ष्मण बर्दाश्त नहीं करते। वे बाण मारकर बादलों को भगा देते या मकान मालिक का ही शिरच्छेद कर देते।

हमसे न बादल डरता है, न मकान मालिक। और हम एक कोने में दुबके बैठे छत से प्रगट होने वाली जलधाराओं को देखते रहते हैं। ग़ालिब का मकान भी मेरे ही जैसा रहा होगा। तभी एक चिट्ठी में लिखा है 'आसमां एक घंटा बरसे तो घर दिन भर।' कवि रहीम इस कष्ट को कष्ट ही नहीं मानते, बल्कि बड़ा वरदान मानते हैं—

टूट खाट घर टपकत, टटिओ टूट।
पिय की बाँह उसिसवा, रूख कै लूट॥

रहीम की बात मैं समझता हूँ। सारी महत्ता उन खास किस्म के तकिये की है। उससे सामने टूटी खाट, टपकते घर और टूटी टटिया की नहीं चल पाती। पर रुई के तकिये से यह चमत्कार कैसे पैदा होगा ? इस बात को आगे बढ़ाना अच्छा नहीं।

आसमान के और मेरे हृदय में एक साथ धड़कन हो रही है। कविता लिखने के लिए व्यर्थ भय की अनुभूति नहीं बुलाता। यह वास्तविक भय है जिसके सामने कविता नहीं लिखी जाती, जान बचाई जाती है। घर में इतना पानी भर जाता है कि कभी सोचता हूँ कि अगर फर्श पत्थर का न होता, तो इन कमरों में धान बो देता।

मकान मालिक का अपराध नहीं है। उसने मकान ऐसा बनवाया है कि पानी क्या, हवा तक न घुस सके। एक भी खिड़की नहीं है। अलमारी या ताक भी नहीं है, क्योंकि इनसे दीवार कमज़ोर होती है। बस दीवारें हैं और ऊपर पत्थर सीमेंट की छत है। दो हज़ार वर्ष बाद यह पुरातत्व-वेत्ताओं को ऐसा का ऐसा ही ज़मीन में गड़ा मिल जायगा। बरामदे में छत को थामे चार विशाल चौकोर स्तंभ खड़े हैं। बड़े मजबूत! ग्रीक पुराणों के एटलस को पता लग जाय तो इन स्तम्भों पर आसमान को रखकर तनिक सुस्ता ले। यदि किसी अच्छे पुरातत्ववेत्ता को यह मकान दिख जाय तो वह फौरन निष्कर्ष निकाल ले कि वास्तुकला में मोहन-जोदड़ों के खण्डहरों से मिलता है और खोदकर यहाँ जमा दिया गया है। ऐसा शानदार मकान है। पर यह टपकता है।

वर्षा के पहिले दौर में जब पानी टपका तो सोचा कि इतना सह लेंगे। मकान मालिक से मरम्मत के लिए नहीं कहा। (गरीब आदमी का व्यर्थ पैसा क्यों खर्च हो?) पर ज्यों-ज्यों वर्षा बढ़ी, त्यों-त्यों टपके भी बढ़ते गये। तब हमने मकान मालिक को कष्ट दिया। उसने अपने सामने दो बार सीमेंट का प्लास्टर पुतवाया। हमें बाद में समझ में आया कि यदि वह इतनी दिलचस्पी न लेता और सामने प्लास्टर न कराता, तो पानी तभी बन्द हो जाता (तब ज़रा मोटा प्लास्टर हो सकता था) खैर, उस वक्त तो हम प्रभावित हुए थे। पर जब फिर भी पानी आना बन्द न हुआ तो हम सब परेशान हुए कि आखिर पानी आता कहाँ से है। किसी अखबार को मालूम हो जाता तो वह छाप देता कि भगवान का चमत्कार देखो, पत्थर में से जल-धारा प्रकट हो रही है। श्रद्धालुओं की भीड़ के डर से हमने यह चमत्कार प्रकट नहीं होने दिया। हमें याद था कि कुछ ही साल पहिले एक भेड़ चराने वाले लड़के का चमत्कारी बालक के रूप में प्रचार करके

पत्रकारों ने लाखों की भीड़ जमा कर दी। वहाँ हैजा हो गया और कई श्रद्धालु वहीं अंध-विश्वास की वेदी पर बलि हो गये।

एक दिन हमने इंजीनियरिंग कालेज से इसी वर्ष डिग्री पाने वाले एक तरुण इंजीनियर को यह चमत्कार दिखाया। उसने ध्यान से जाँच कर कहा, "ठीक है, समझ गया। ऊपर से प्लास्टर हो ही चुका है। इसमें भीतर से संधों में सीमेंट और रेत भरवा दीजिए। भीतर से प्लास्टर हो जाने पर एक बूंद नहीं आयेगी।" मैं इस युक्ति से प्रभावित हो गया। पर मेरे भाई में व्यवहार-बुद्धि अधिक है। उसने कहा, "ऐसा करने से दीवारों में पानी घुसता जायगा और किसी दिन ऊपर दीवार खसक पड़ेगी।" इंजीनियर ने उत्तर नहीं दिया। उसे एक जरूरी काम याद आ गया। मैं समझ गया कि ज्यों-ज्यों देश में इंजीनियरिंग कालेज खुलते जा रहे हैं, त्यों-त्यों कच्चे पुल और तिड़कने वाली इमारतें क्यों अधिक बनते जा रहे हैं। और जब हर जिले में इंजीनियरिंग कालेज हो जायगा, तब हम लोग कहाँ रहेंगे?

किसी ज्ञानी ने हमें एक दिन सान्त्वना दी कि इतने परेशान मत हुआ करो। ये किराये के मकान 'कमर्शियल बेसिस' (व्यावसायिक आधार) पर बनवाये जाते हैं। व्यावसायिक आधार का सूत्र है—कम लागत, घटिया माल, अधिक दाम। मकान भी दो तरह के होते हैं, रहने के और किराये पर देने के। एक प्रकार के मकान से दूसरे प्रकार का काम नहीं लिया जाता-- रहने का मकान किराये पर नहीं दिया जाता, और किराये के मकान में रहा नहीं जा सकता। व्यावसायिक आधार पर तो हम रोजपिट रहे हैं। व्यावसायिक आधार वालों का बस चले तो वे हमारी नसों का गर्म रक्त निकालकर उनमें पानी भर दें।

एक दिन एक परिचित पधारे। इनके भी दो मकान किराये पर चल रहे थे और इस तरह वे हमारे मकान मालिक की 'मौसी के लड़के' होते थे। सगे नहीं, पर सगे से अधिक याने व्यावसायिक आधार पर। उन्होंने छत को ऊपर से देखा और बोले, "इसमें प्लास्टर कराना चाहिए।" हमने कहा, "दो बार तो हो चुका।" वे हँसकर बोले, "प्लास्टर नहीं हुआ, सीमेन्ट पोती गयी है। मकान वाले से कहो कि मोटा प्लास्टर करवाए।" हमने

कहा, "कितना तो कहा। यहाँ तक कह दिया कि किसी दिन यह छत गिरेगा, तो हमारी जान चली जायगी।" यह सुनकर वह दार्शनिक की तरह बोले, "अपनी जान जाने की बात कहने से काम नहीं चलेगा। यह कहो कि तुम्हारी दीवार गिर जायगी और तुम्हारा नुकसान हो जायगा। समझे? तुम देखोगे कि फौरन चार इंच मोटा प्लास्टर हो जायगा।" मकान की मरम्मत कोई तुम्हारी जान बचाने के लिए थोड़े ही की जायगी, दीवार बचाने के लिए की जायगी।"

व्यावसायिक आधार पर दीवार और मनुष्य के तुलनात्मक मूल्य के सूत्र की हमने गाँठ बाँध ली। हमने कल जब दीवार गिरने की आशंका मकान मालिक के सामने प्रकट की, तो उसने फौरन नौकर को हुक्म दिया कि पानी खुलते ही अच्छा मोटा प्लास्टर कराना।

हम अब पानी खुलने की राह देख रहे हैं। बादल गरज-गरजकर मन कँपा जाते हैं। राम प्रियाहीन थे, इसलिए डरते थे। हम गृहहीन हैं, इसलिए डरते हैं। किसका अभाव बड़ा है?

'लिटरेचर ने मारा तुम्हें!'

दीवाली पर मैं लक्ष्मी-पूजन नहीं करता। न मेरे घर की दीवारों पर भद्दे अक्षरों में 'श्री लक्ष्मीजी सदा प्रसन्न रहें।' लिखा है और न स्वस्तिक का चिह्न बना है। पूजा अपनी प्रकृति से मेल ही नहीं खाती। किसी की पूजा करेंगे, तो या तो उसका नुकसान होगा या अपना। मेरा एक दोस्त है जिसकी प्रकृति भी ऐसी है। उसने एक प्रकाशक के लिए पाठ्य पुस्तकें लिखीं और उनके छपने तक प्रकाशक के बाप की मृत्यु हो गई। कई महीने बाद प्रकाशक का मैनेजर मुझे मिला, तो कहने लगा कि उनमें से एक भी पुस्तक बोर्ड में मंजूर नहीं हुई। मैंने कहा—यह बहुत शुभ हुआ। अगर उसकी एक भी पुस्तक मंजूर हो जाती, तो प्रकाशक का पूरा खानदान मर जाता। उस आदमी के सम्पर्क से हमेशा अशुभ हुआ है (बदनामी के डर से उसका नाम नहीं बताऊँगा।)

मैंने भी १० से १७ साल की उम्र तक लक्ष्मी की पूजा की। पिताजी मुझसे पूजा कराते थे—शायद यह सोचकर कि लक्ष्मी का बच्चे के प्रति वात्सल्य उमड़ेगा और वह आ जायगी। पर वह आई नहीं। साल दर साल मैं उसकी पूजा करता गया और उधर पिताजी का धन्धा चौपट होता गया। हर साल दीपकों की संख्या और तेल की मात्रा घटने लगी। पटाखों में भी उम्र बढ़ते मेरी दिलचस्पी कम होती गई। पटाखे बचपन में ही अच्छे लगते हैं। बचपन में मैं वैसे ही शौक के साथ पटाखे फोड़ता जैसे चीन ने अभी अणु बम फोड़ा है। चीन का अभी बचपन है। प्रौढ़ होने पर पटाखे अच्छे नहीं लगते। रूस अब अणु बमों से पिंड छुड़ाना चाहता है। कुछ राष्ट्रों और व्यक्तियों का बचपन कभी नहीं जाता। बूढ़े आदमियों को भी मैंने कुत्ते की पूंछ में पटाखे की लड़ी बांधकर आग लगाते

देखा है। अमेरिका भी टोकिन की खाड़ी में अणु-पटाखे लेकर चक्कर लगा रहा है।

विषयान्तर हो रहा है न ? अच्छा, लक्ष्मी की ही बात करता हूं। ७ साल लगातार लक्ष्मी-पूजन का नतीजा यह निकला कि पिताजी का धंधा बिल्कुल चोपट हो गया और लक्ष्मी का यह 'भक्त' मैट्रिक पास करके नोकरी ढूंढ़ने निकल पड़ा। नोकरी भी की तो स्कूल-मास्टरी। न इनकम-टेक्स की न एक्ससाइज की। फिर नोकरी छोड़कर स्वतंत्र व्यवसाय के क्षेत्र में आया, तो कहां आया ? न सीमेंट में, न गल्ले में, न हार्डवेअर में। साहित्य में ! मतिभ्रष्ट आदमी और क्या करेगा ? लक्ष्मी अब इस मुहल्ले में आती भी हैं, तो दूर से मेरा 'नेमप्लेट' पढ़कर सड़क के उस बाजू हो जाती हैं। मुहल्ले के दो-चार घरों में बैठकर चली जाती हैं। किसी से पूछ भी लेती हैं—सुना है, इस मुहल्ले में कोई एक बड़ा बेवकूफ रहता है। कुछ साहित्य-वाहित्य का वाहियात काम करता है। कोई बता देता है कि हां, वह उधर रहता है। वह मुंह फेरकर चली जाती हैं।

मेरा एक दोस्त कहता है—तुम्हें लिटरेचर (साहित्य) ने मारा परसाई।

मारा, बिल्कुल मारा। पुस्तक लिखने वाले से पुस्तक बेचने वाला बड़ा होता है। कथा लिखने वाले से कथावाचक बड़ा होता है। सृष्टि निर्माता से सृष्टि का लूटने वाला बड़ा होता है।

मैं कथा लिखता हूं और वह चौराहे पर कथावाचक कथा बांचता है। वह कथा तुलसीदास ने लिखी थी। कथावाचक की आरती की थाली भर जाती है; ऊपर से भेंट मिलती है, सो अलग। मैं, एक कथा लेखक, सड़क पर खड़ा टुकुर-टुकुर देखा करता हूं।

उस दिन ज्ञानरंजन ने कहा—यह कथा-वाचक हिन्दी में एम० ए० है।

मैंने कहा—उसे देखो और अपने को देखो। एक वह हिन्दी का एम० ए० है और एक हम हैं। एम० ए० करने से उसे अक्ल आ गयी और अपनी अक्ल मारी गयी। हम लिखने के चक्कर में फंस गये और उसने सिर्फ बांचने का अभ्यास किया। वह चल निकला और हम ? पाठ्यपुस्तक से

कुंजी ज्यादा बिकती है।

लिटरेचर ने मारा तुम्हें—मेरा वह दोस्त कहता है।

यार, पर मैं करता भी क्या? एक तो लक्ष्मी नारी-रूपिणी, फिर उल्लू पर उसकी सवारी। जिसने भी उसकी कल्पना की है, कमाल किया है। जरूर कोई सोशलिस्ट रहा होगा। जो स्त्री हो और जिसका 'गाइड' उल्लू हो वह इधर आ नहीं सकती। उल्लू कह देगा—'देवी, अगर उधर जाना है, तो कोई टैक्सी कर लीजिए। मैं उसके घर नहीं जाऊँगा। वह मेरी पूरी जाति से घृणा करता है।' बेचारी लौट जाती है। मुझे मालूम है, उसने कभी-कभी कुतूहलवश आने का मन किया है। पर उल्लू ने नहीं आने दिया। उसने अपनी 'सिस्टर' और 'क्लासफेलो' को भी इधर भेजा, पर उल्लुओं ने उन्हें भी लौटा दिया। मुझे लगता है, लक्ष्मी ऊबी हुई सी उल्लू पर बैठ जाती है और ऊँघती हुई फूल सूँघने लगती है। उल्लू उड़ते-उड़ते रुक जाता है, किसी के पास। कहता है—'देवी, यह मेरा साला है। इसे कुछ दे दीजिये।' लक्ष्मी अपने बैंक का चेक काटकर उसे दे देती है। (यों लक्ष्मी बैंक लिमिटेड फेल हो गया है और डाइरेक्टर लोग जेल में बन्द हैं। पर उसमें विष्णु की पत्नी के शेयर नहीं थे।) उल्लू फिर किसी के पास रुककर कहता है—देवी, यह मेरा साढ़ू भाई है। लक्ष्मी फिर उसे चेक काट देती है। इस तरह उल्लू, लक्ष्मी को चाचा, मामा, फूफा, भाई-भतीजों के पास ले जाता है और चेक दिलवा देता है।

लक्ष्मी पूछती है—क्यों रे, हरिशंकर परसाई तेरा कोई नहीं है?

उल्लू कहता है—वह मेरा दुश्मन है। उसका नाम मत लो, देवी।

लक्ष्मी की उत्पत्ति की कथा ही ऐसी है कि उसे प्राप्त करना अपने वश के बाहर की बात लगती है। लक्ष्मी समुद्र-मन्थन के बाद समुद्र से निकली थी। समुद्र-मन्थन अकेले देवताओं ने नहीं किया। उन्होंने दानवों का सहयोग लिया। देवता अकेले समुद्र-मन्थन करके लक्ष्मी को निकाल लेते, तो मैं उनकी जय बोलता। मगर 'दानवों' के सहयोग के बिना वे लक्ष्मी प्राप्त ही नहीं कर सके। तो अपनी अर्थव्यवस्था का जो समुद्र है, उसके मन्थन के लिए मैं दानवों से समझौता करूँ, तब लक्ष्मी बाहर निकलेगी। फिर भी क्या ठिकाना कि वह मुझे मिल ही जायगी। मामूली देवता तो असंख्य

थे, पर लक्ष्मी उन्हें कहाँ मिली ? वह सीधे विष्णु के पास गईं और गले लग गईं। दूसरे देवताओं ने भी कोई 'प्रोटेस्ट' नहीं किया। करते भी कैसे ? विष्णु बहुत बड़े थे—शक्ति में, धन में, रूप में और चातुर्य्य में। स्त्री बनकर जिसने अपने दोस्त शंकर को ठग लिया, उसकी चतुराई की कोई कमी नहीं थी। लक्ष्मी सीधी 'मोनोपली' में जाकर मिल गईं। मैं अगर दानवों से समझौता करके अर्थव्यवस्था के समुद्र का मन्थन करूँ और कहीं लक्ष्मी फिर 'मोनोपली' के पास चली गई तो ? साहित्य में भी तो 'मोनोपली' है। मोनोपली छोटे को पनपने नहीं देती। एक गरीब मुनि नारद को शादी करने के लिए सुन्दर चेहरे की जरूरत पड़ी थी, सो विष्णु ने उसे बंदर का चेहरा दे दिया। फिर खुद जाकर स्वयंवर में बैठ गये और जिस लड़की पर उस बेचारे का जी आ गया था, उससे अपने गले में वरमाला डलवा ली। कहते हैं—नारद, वह तुम्हारा मोह था। और हुजूर आपका ?

मुझे भी सलाहें मिलती हैं—अहा, कलाकार तो त्यागी होता है। वह धन के लोभ में नहीं पड़ता।

मैं पूछता हूँ—और हुजूर आप ? आप पड़ सकते हैं ? धन का लोभ बुरा है, तो आप भी उसमें क्यों पड़ते हैं ?

ये सब दूसरे को बन्दर का चेहरा लगाकर खुद स्वयंवर में बैठने वाले हैं।

मेरे एक परिचित व्यापारी कहने लगे—पैसे को पैसा कमाता है। यहाँ बाजार में एक पैसा फेंकते हैं तो वह दस साथ लेकर आता है।

मैंने यह नुस्खा आजमाया। बीच बाजार में खड़े होकर मैंने एक पैसा सड़क पर फेंका। सोचता रहा कि अब यह सारे बाजार के चक्कर लगाकर अपने साथ १०-१२ पैसे लेकर लौटता ही है। फिर मैं दस का नोट फेंकूंगा और दो-चार दिन में सारा बाजार लूट लूंगा। पर वह पैसा वहाँ से हिला ही नहीं। मैंने उसे वापिस जेब में रख लिया।

उस व्यापारी से कहा—पैसा तो मैंने भी बाजार में फेंका था, पर वह तो कुछ नहीं लाया।

उसने कहा—ऐसे नहीं होता। हमारे पैसे में 'हुक' लगा रहता है।

वह पैसों को मछली की तरह फँसा लेता है।

अब मैं पैसों में 'हुक' कहाँ से लगवाऊँ ?

मेरा वह दोस्त कहता है—तुम्हें लिटरेचर ने मारा। सरस्वती की तरफ गये तो लक्ष्मी ने तुम्हारी पत्ती काट दी।

आखिर इधर क्यों गया ? वैसे सच पूछा जाय तो सरस्वती ज्यादा 'कल्चर्ड' (सुसंस्कृत) है। उसके हाथों में वीणा है, पुस्तक है। पक्षी पर ही सवारी करने का मौका आया, तो उसने उल्लू नहीं, हंस चुना। लक्ष्मी का सारा काम फूहड़ है। सवारी से लेकर शृंगार तक। तस्वीर में देखो—फूल पर खड़ी है। अरे, फूल जैसी खूबसूरत कोमल चीज़ क्या खड़े होने के लिए है ? सौंदर्य-बोध बिलकुल नहीं है लक्ष्मी में। उसे अगर सरस्वती की वीणा मिल जाय, तो उसके तार तोड़कर उनसे उल्लू को बाँधने लगे। सम्पन्न फूहड़ता की तरफ सुरुचि आखिर कैसे आकर्षित हो।

मेरा दोस्त कहता है—नहीं होती, तो भुगतो। मारा न तुम्हें लिटरेचर ने।

कहने दो उसे। अभी बहुत से फैसले बकाया हैं। अभी क्या कहा जा सकता है कि कौन मरा और कौन जी गया। नहीं, अब लक्ष्मी की पूजा नहीं होगी। वे और होते हैं जिनके देवता जल्दी-जल्दी बदलते हैं। वे राम को भी प्रणाम कर लेते हैं और रावण को भी। वे दिन को हंस की चोंच सहलाते हैं और रात को उल्लू से गपशप करते हैं।

देवता बदलना इतना आसान नहीं है। और फिर देवी बदलना तो और मुश्किल है।

माना कि रहेंगे दिल्ली

पर खायेंगे क्या ? मैंने पूछा। जवाब मिला—खाने की दिल्ली में क्या कमी है ? 'गेलार्ड' में खा लेना, 'ला बोहेम' में खा लेना, 'एम्बैसी' में खा लेना।

—श्रौर जब पैसे जेब में कम हों तब ?

उसने मेरे कान में मुँह लगाकर एक होटल का नाम बताया, जो सस्ता है, पर जहाँ जाने से इज्जत नहीं घटती।

—पैसे श्रौर भी कम हों तब ?

उसने गुमटियों श्रौर खोमचों की तरफ इशारा किया।

मैं सब जगह खा चुका। दो दिन एक दोस्त के साथ बहुत मँहगे होटल में खाना खाया। खाकर निकले, तो ऐसा लगा जैसे हम कनॉट प्लेस के सिर पर पाँव रखकर उसे कुचलते चल रहे हैं। मगर थोड़ी देर बाद मुझे बड़ी दीनता का बोध हुश्रा। दिल्ली वाले को ऐसा शायद न होता हो। उसे शायद ऐसा लगता हो कि जिन्दगी में इतनी सार्थकता तो श्राई। श्रासपास से गँवार सम्पन्नता जब तमाचे जड़ रही हो, तब उचटकर तमाचा जड़ने को जी चाहता है। पर उसकी श्रपेक्षा यह ज्यादा सम्मानपूर्ण लगता है कि तमाचा मारने वालों की तरफ से हम भी किसी को एक चाँटा मार दें। हम घबड़ाकर डरते-डरते एक चाँटा किसी बेखबर को मारकर सम्पन्नता की श्राड़ में छिप जाते हैं श्रौर इसके पहिले कि वह पलटकर हमें फिर एक चाँटा मारे हम भाग जाते हैं।

हम मुँह छिपाकर भागे। हमारे साथ जो वहाँ बैठे थे, वे श्रपनी मोटर में बैठकर 'एस्प्रेसो बार' जायेंगे, फिर गुलकंद (या गुड़) डला हुश्रा

पान खायेंगे श्रौर मोटर में घर जायेंगे।

हमें पाँच पैसे का पान खाकर किसी चार-सीटर स्कूटर में चार श्राने में घर जाना था।

तमाचे पर तमाचा पड़ता। हम डरे हुए भागे जा रहे थे।

दिल्ली का श्रादमी यह न करे, तो श्रात्म-हत्या कर ले। कितने ही जवान श्रादमियों को देखता हूँ, जो इस होटल से उस होटल जाते हैं। रेस्तराँ में कॉफी का एक कप लेकर घंटे भर बैठते हैं। फिर दूसरे में चले जाते हैं। रात भर खुला रहने वाला रेस्तराँ खोजते हैं। घर जाने में इन्हें डर लगता है। लगातार तनाव में जीते हैं ये! ये कभी-कभी कनॉट प्लेस के सिर को कुचलते हुए न चलें, तो मर जायें।

कह यह रहा था कि तीसरे दिन हम लोग सस्ते होटल में गये श्रौर पाँचवें दिन एक गुमटी में। एक-दूसरे से छिप रहे थे। मुझे भी छोले पसन्द श्रा रहे थे श्रौर उसे भी। (यह सबसे सस्ता रोटी का सब्ज़ी है।) हम एकमत थे कि भिंडी इस मौसम में खराब श्राती है श्रौर श्रालू पेट खराब कर देते हैं।

खोमचे पर पहुँचने के पहिले मैंने दिल्ली छोड़ दी।

मैं मित्रों से पूछता हूँ—दिल्ली श्राकर क्यों रहूँ?

वे कई कारण बताते हैं। एक बन्धु कहता है—जहाँ हो, वह जगह 'प्राविंशल' है। प्राविंशल समझते हो?

बहुत नहीं समझता इतना समझता हूँ कि यह गाली है, जो 'मेट्रापालिस' का नकल-नवीस श्रौर पोस्टर चिपकाने वाला भी छोटे शहरों के लेखक श्रौर चित्रकार को देता है।

मैंने पूछा—प्रयाग प्राविंशल नहीं है?

जवाब मिला—प्रयाग प्रयाग है। वहाँ सङ्गम है; गंगा, जमना श्रौर सरस्वती मिलती हैं। सरस्वती गुप्त है, इसी का महत्त्व है। श्रगर सरस्वती प्रगट होकर बहती, छिपकर न बहती, तो प्रयाग का भी महात्म्य न होता।

प्रयाग की सरस्वती गुप्त गति से मैं कुछ-कुछ परिचित हूँ।

मैंने पूछा—चिरगाँव भी प्राविंशल है?

वे चुप। चिरगाँव को प्राविंशल कहते, तो देशद्रोह में बँध जाते।

वहाँ राष्ट्र-कवि रहते हैं न।

—और खंडवा तथा भागलपुर भी प्राविंशल है, जहाँ दो असिस्टेंट राष्ट्र-कवि रहते हैं ?

मैंने धमकी दी। मेट्रापालिस निरुत्तर हो गया।

ओ रीयली ! ओ वंडरफुल ! ! — मुझे पीछे से सुरीली आवाज सुनाई देती है।

पलटकर देखता हूँ, अपने-अपने पति के साथ वे दोनों मोटरों के बीच में खड़ी हैं। एक के पास छोटा लड़का है। पतियों के हाथ कारों के दरवाज़ों के हैंडिल पर है। वे औरतों की बातों को बिना सुने ऊबी मुस्कराहट चेहरे पर लाते हैं और फिर एक-दूसरे से दूर कहीं देखने लगते हैं। वे अपनी-अपनी बीवी से, एक-दूसरे की बीवी से और एक-दूसरे से नफरत कर रहे हैं—मगर मुस्कुराये जा रहे हैं।

—कल तो 'रीगल' गये थे फिल्म देखने।

—ओ रीयली ? ओ वंडरफुल ! ! हम इस संडे को पिकनिक पर हो आये।

—ओ रीयली ? ओ वन्डरफुल। हमें तो अब एक अच्छा 'कुक' मिल गया है।

—ओ रीयली ? ओ वन्डरफुल !

—ओ रीयली ?

—ओ वन्डरफुल !

सोचा, अगर एक कहे कि हमने तो आज खाना खाया था, तो दूसरी कहेगी— ओ रीयली ? ओ वन्डरफुल !

और दूसरी कहे कि हमने तो आज दो पाँव का आदमी देखा, तो पहिली कहेगी —ओ रीयली ? ओ वन्डरफुल !

— आंटी को 'टा टा' करो पप्पू।

— आंटी, टा-टा !

दिल्ली राजधानी है—डिप्लोमेसी, कूटनीति की जगह। जिन्दगी के रगो-रेशे में यह डिप्लोमेसी घुस गई है। पालम हवाई अड्डे पर भुट्टो और स्वर्णसिंह कैसे पिघलकर हंसते हुए गले मिलते हैं, मगर दोनों एक-दूसरे

की जेब काटने का इरादा रखते हैं।

सब जगह डिप्लोमेसी है।

'ओ रीयली? ओ वन्डरफुल!' में वह है।

और वह वहाँ भी है जब कॉफी या टी हाउस में एक लेखक दूसरे से ललककर पूछता है—बोलो, क्या खाओगे?

मन में होता है कि अगर यह एक प्लेट जहर माँग ले, तो अच्छा हो।

पर वह कम्बख्त सेंडविच माँग लेता है। हाय!

हिसाब से और डिप्लोमेसी से काम होता है, दिल्ली वाले का। उ के टाइमटेबिल में १५ मिनट सहानुभूति के, १० दया के और १० मनुष्यता के भी होते हैं। तटस्थ भाव से सोचता है कि सहानुभूति भी जिन्दगी में जरूरी है, इसलिए १५ मिनट इसे दे दो। बीमार दोस्त के पास १५ मिनट वह बैठ आयगा। अगर दोस्त ने २० मिनट बिठा लिया, तो पछतायगा कि सहानुभूति में ५ मिनट 'ओवरटाइम' हो गया। किसी की मौत पर घड़ी देखते हुए १० मिनट दुखी होगा। ग्यारहवें मिनट पर नाचने चला जायगा। रोते हुए फोटो नहीं खिचेगी, तो रोना व्यर्थ समझेगा।

ग़ालिब की पहिली समस्या यह थी कि खायेंगे क्या? मेरी पहिली समस्या यह है कि रहेंगे कहाँ। ग़ालिब का एक घर तो था यद्यपि उसके 'दर-ओ-दीवार पर सब्जा' ऊग आता था। पर फिर भी था। इधर एक गरीब कवि हर साल बरसात के पहिले टूटे घर का रोना रोकर मरम्मत के लिए मदद माँगते थे। मैंने कहा—बन्धु, तुम फिर भी भाग्यवान हो। तुम्हारा एक घर तो है जो हर साल टूटता है। मेरे पास तो यह भी नहीं है। मेरा क्या टूटे? मैं किसका रोना रोऊँ और किसकी मरम्मत कराऊँ!

भारत में जिस हिसाब से बच्चे पैदा हो रहे हैं, उस हिसाब से मकान नहीं बन रहे हैं। सरकार को कानून बना देना चाहिए कि हर बच्चा पैदा होने पर बाप को एक मकान बनवाकर देना होगा। इससे संतति-नियमन एकदम हो जायगा और कुछ मकान भी बन जायेंगे। कुछ लोग तो ऐसे निकलेंगे ही जो मकान क्या, अनाथालय बनवा देंगे, पर संतति-निरोध नहीं करेंगे।

मुझे दिल्ली में मकान खोजना होगा। मकान मालिक पूछते हैं—

फेमली है ?

क्यों पूछते हैं ? डरते हैं, बेचारे। उनकी भी जवान लड़कियाँ होती हैं। कहीं कुछ हो जाये तो ? मालिकों में आपस में 'मामले' हो जायें, तो कोई बात नहीं, पर किरायेदार से तो नहीं होना चाहिए। मगर शादी-शुदा आदमी की क्या गारन्टी ? वह एक बार तो संयम टूटने का सबूत दे ही चुका है। तभी तो शादी की। क्या निश्चित कि बार-बार उसका संयम नहीं टूटेगा ?

तर्क को कोई नहीं मानता। गलतफ़हमी का ज़माना है। फ़ेमिली न होने के कारण बेचारा नहुष स्वर्ग से निकाल दिया गया था। मेरा राज-धानी में क्या ठिकाना होगा ?

मकान मालिक पूछेगा—फ़ेमिली है ?

मैं यह तो कह नहीं सकूँगा कि आप चाहेंगे, तो यहीं 'फ़ेमिली' हो जायगी।

अगर खाने और रहने की समस्या हल हो जायें, तो भी और कठि-नाइयाँ हैं। दिल्ली के ट्राफिक से मैं बहुत डरता हूँ। बम्बई की तुलना में दिल्ली का ट्राफिक बहुत कम है, पर बम्बई में मुझे कम डर लगता है। बम्बई में अनुशासन है। वहाँ चोरी भी अनुशासन से होती है, स्मगलिंग भी अनुशासन से। दिल्ली में ऐसा नहीं है। यहाँ जाट का दुस्साहस और ऊबड़-खाबड़पन है। हर बार जब सवारी में बैठता हूँ, तो लगता है, मौत की बराबरी से भाग रहा हूँ। बम्बई में जब डरते हुए सड़क पार करता, तो डा० भारती ने कहा कि पहिले मैं भी डरता था। एक दिन (शायद) गंगा-धर गाडगिल ने मुझसे कहा कि बम्बई के ट्राफिक से बिलकुल मत डरो। एक बार गाँव की एक अंधी बुढ़िया दिन-भर सड़कों पर घूमती रही, पर उसे खरोंच तक नहीं लगी। बस, आँखें बन्द करके अपने को सड़क पर डाल दो।

मेरी हिम्मत बढ़ी। पर यह प्रयोग दिल्ली में नहीं किया जा सकता। यहाँ की मोटरें इतनी संयमी मुझे नहीं लगतीं। यहाँ तो मैं नार्थ एवेन्यू चलने के लिए कहता हूँ, तो वह साउथ एवेन्यू घुमाकर ले जाती है। मैंने सोचा, साउथ एवेन्यू कहूँगा, तो यह जरूर नार्थ एवेन्यू घुमाएगी। मुझे

नार्थ एवेन्यू जाना था। मैंने कहा—साउथ एवेन्यू! टैक्सी जब नार्थ एवेन्यू पहुँची, तब मैंने कहा—रोको! टैक्सी रुक गयी। उसने पूछा—क्या बात है साहब ?

मैंने कहा—पेशाब करना है।

मैं उतर गया और मीटर देखकर पैसे दिये। वह बोला—आपको साउथ एवेन्यू जाना था न! कुछ समझ में नहीं आया।

मैंने कहा— मुझे आ गया।

अपना शहर भी कोई बुरा नहीं है। अब तो मशहूर भी हो गया है। सन् ६२ के दंगे के बाद अंतर्राष्ट्रीय दस्तावेजों में इसका उल्लेख होता है। राष्ट्र संघ में, जहाँ मास्को और वाशिंगटन के नाम ही अकसर लिए जाते हैं, मेरे इस शहर का भी नाम लिया जा चुका है। समकालीन एशिया पर हर पुस्तक में इस शहर का उल्लेख मिलता है। ताकतवर शहर है।

मैं यहाँ सबको जानता हूँ और सब मुझे जानते हैं। दिन-भर में हजार बार 'नमस्कार' होती है।

फिर अपने शहर से शिकायत किसे नहीं होती। ग़ालिब भी कलकत्ता गये थे, तो स्थानीय प्रतिभाओं ने उन्हें तंग किया था। मीडियाकरों की यही साहित्य-सेवा है। तब उन्हें दिल्ली की याद आई थी। तभी ख्याल आया कि दिल्ली वालों का सलूक भी तो कोई अच्छा नहीं था।

हो जाता है, कभी कुछ। कभी दो-चार लोग कोई लेख लेकर कलेक्टर के पास पहुँच जाते हैं कि इसे गिरफ्तार करो, वरना शांति भङ्ग हो जायगी। लेख से शांति तो उन दो-चार की ही भङ्ग होती है, पर वे उसे शहर की शांति-भङ्ग समझते हैं। कुछ लोग अपने को पूरा शहर ही नहीं, पूरी दुनिया ही समझे बैठे रहते हैं।

पर सबसे बड़ी चोट मुझे एक होटल मालिक ने दी थी। इधर सड़कों पर मैं लोकप्रिय लेखक के गर्व में फूला-फूला फिरता था। एक दिन मित्रों ने कहा, चलो इस नये होटल में चाय पियें। होटल में घुसे तो मालिक ने मुस्कराहट से स्वागत किया। मैं उसके पहिले वाले छोटे होटल में २-३ महीने खाना खा चुका था। मेरे एक मित्र भी उसके परिचित थे।

मित्र ने उससे पूछा—आप इन्हें जानते हैं ?

उसने कहा—हाँ साहब, जानता हूँ।

मैं फूल उठा। कौन ऐसा है, जो मुझे न जाने? उसे शहर से निकलवा दूं।

मित्र ने कहा—अच्छा बताइये, कौन हैं ये।

मैं खुशी से फूटा पड़ता था कि यह कहता ही है कि वाह साहब, इन्हें न जानूं, तो धिक्कार है। ये इतने बड़े लेखक—

तभी होटल मालिक ने कहा—ये तो हमारे ग्राहक रहे हैं।

मेरा पानी उतर गया। यह मुझे इतना ही जानता है कि मैं इसका ग्राहक था! बस?

मैंने उसी रात शहर छोड़ देने का फैसला किया था, पर छोड़ नहीं सका।

दिल्ली खींचती जरूर है। पुराने जमाने में आक्रमणकारियों को खींचती रही है। अभी भी जो दिल्ली है, उसे जीतने के इरादे से ही जाता है। पर दिल्ली उसे जीतकर एक कोने में डाल देती है।

मैं दोस्तों से कहता हूँ—अच्छा यारो, कुछ दिन दिल्ली में रहकर देखूंगा। नहीं जमा तो लौट जाऊंगा।

मित्रों ने कहा—अरे, दिल्ली आकर कोई नहीं लौटता।

मैं सोचने लगता हूँ—जैसे मुक्तिबोध!

कहावतों का चक्कर

जब मैं हाई स्कूल में पढ़ता था, तब हमारे अंग्रेजी के शिक्षक को कहावतें और सुभाषित रटवाने की बड़ी धुन थी। सैकड़ों अंग्रेजी कहावतें उन्होंने हमें रटवाईं और उनका विश्वास था कि यदि हमने नीति-वाक्य रट लिये, तो हमारी जिंदगी जरूर सुधर जायगी। हमारी जिंदगी सुधरी या बिगड़ी, इसका निर्णय करने का समय अभी नहीं आया, पर हमारे कहावत-प्रेमी शिक्षक 'आनेस्टी इज़ द बेस्ट पालिसी' रटवाते-रटवाते एक बार लड़कों की फीस खा गये और बरखास्त कर दिये गये।

उनके रटाये उन सैकड़ों सुभाषितों, कहावतों और नीति-वाक्यों में से कई के बारे में तब से अभी तक कई शंकाएँ उठती रही हैं। एक कहावत है 'लुक बिफोर यू लीप' याने कूदने के पहले देख लो। मैं तभी सोचता था कि जो कूदने के पहले देख लेगा, वह क्या खाक कूदेगा? उसकी हिम्मत भी होगी? जिसे कूदना है, उसे बिना देखे ही कूद जाना चाहिये —'लीप बिफोर यू लुक!' एक और कहावत रटाई थी—'ए मैन इज़ नोन बाई द कंपनी ही कीप्स।' कहावत ठीक है। पर पीछे हमने कई आदमी ऐसे देखे जिनकी पत्नियाँ अनेक उल्लेखनीय और गोपनीय कारणों से चर्चा का विषय बन जाती हैं। एक ऐसे जोड़े को नज़दीक से जानते थे। पत्नी कितनी ही समितियों में जाती, भाषण देती और खूब नाम कमाती। पति महाशय को पहिले कोई नहीं जानता था, पर अब तो सभी जानने लगे—'फलाँ देवी के पति यही हैं।' तब हमें लगा कि ज्यादा ठीक कहावत यों होगी—'ए मैन इज़ नोन बाई द वाइफ ही कीप्स।' एक और कहावत-रटी थी—'ब्लड इज थिकर दैन वाटर।' पिछले साल की बात है। एक

सज्जन बड़े पूर्ण-कंठ (फुल थ्रोटेड) मार्क्सवादी थे। होटलों में बैठकर युवकों को द्वन्द्वात्मक भौतिकवाद समझाते थे। एक चुनाव में उनके बड़े भाई जनसंघ की ओर से चुनाव के लिए खड़े हुए। हमारे मार्क्सवादी भाई उम्मीदवार को छोड़कर प्रतिक्रियावादी भाई का प्रचार करने लगे। लोग हैरत में। कहते, 'बड़ा आश्चर्य है ! यह तो मार्क्सवादी था।' हम समझ गये, 'ब्लड इज़ थिकर दैन मार्क्सिज़म।'

एक सुभाषित जिसने अभी तक परेशान किया, वह है— 'लव दाई नेबर'—अपने पड़ौसी को प्यार करो। अच्छी बात है। करेंगे ! पर क्यों ? हर पड़ौसी को प्यार क्यों करें ? यह हमारा पड़ौसी हमारे द्वार के सामने कचरा फेंकता है, उसे तो हम प्यार करें। और हम से चौथे मकान में तहसीलदार का मुंशी रहता है। गऊ आदमी है, उसे प्यार क्यों नहीं करें ? ऐसे ही प्रश्न तब मेरे बाल-मन में उठते थे। परेशान था, कि आखिर इस सुभाषित का प्रयोजन क्या है ? मेरे पड़ोस में मेरा सहपाठी प्रकाशचन्द्र रहता था। वह गणित में बहुत होशियार था और मैं गणित में बहुत बुद्धू, क्योंकि मुझे तो लेखक के व्यर्थत्व के संस्कार डालने थे। प्रकाश मुझे गणित के पर्चे में नकल कराता था। मुझे यह समझ में आया कि सुभाषित में पड़ोसी को प्यार करने की सलाह इसलिए दी गई है कि यदि पड़ोसी गणित में होशियार हुआ और तुम कमजोर हुए, तो वह तुम्हें नकल करायेगा।

फिर एक दिन अचानक यह सुभाषित मेरी नजर से गिर गया। उस दिन सुना कि गणेश बाबू पिट गये। बड़ों की बातों से जाना कि वे पड़ोस में रहने वाली एक स्त्री से प्यार करने लगे थे। आज दोपहर में वे उसकी हथेली अपने हाथ में लेकर उसका भाग्य पढ़ रहे थे कि इतने में उनका ही भाग्य-निर्णय हो गया। उसके भाई ने देख लिया, बाप को पुकारा और बाप-बेटे ने गणेश बाबू को पीटा।

बेचारे गणेश बाबू ने इस महान् सुभाषित के अनुसार ही काम किया था। 'नेबर' का अर्थ पड़ोसी भी होता है और पड़ोसिन भी। गणेश बाबू ने 'नेबर' को प्यार किया। क्या गुनाह किया ? फिर पिटे क्यों ? सोचा, यह सुभाषित ही झूठा है। कहना यह चाहिए कि पड़ोसी को चाहे

करो, पर 'पड़ोसिन' से प्यार मत करो, नहीं तो किसी दिन उसके बाप-भाई तुम्हारी मरम्मत कर देंगे। पता नहीं, किसने पड़ोसी को प्यार करने का यह सुभाषित गणेश बाबू जैसे भोले आदमियों को मुसीबत में डालने के लिए बना दिया।

सुभाषित का सच्चा प्रयोजन तब भी मेरी समझ में नहीं आया था। सत्य देश, काल सापेक्ष तो होता ही है, अवस्था सापेक्ष भी होता है। मेरी अवस्था ज्यों-ज्यों बढ़ने लगी, त्यों-त्यों सत्य के नवीन-नवीन स्तर उभरने लगे। कालेज में पढ़ता था, तब पिताजी ने मकान बदला। बदलने की क्रिया में एक कहावत और झूठी पड़ी। कहा है—'टाइम इज़ मनी' समय ही धन है। पिताजी के पास समय ही समय था। धन्धा बन्द हो गया था, इसलिए समय खूब था, काटे नहीं कटता था। पर 'मनी' धीरे-धीरे कम होता गया और आखिर हमारा निजी मकान बिका और हम किराये के मकान में आये। पिताजी का टाइम 'मनी' बना ही नहीं, 'मनी' का दुश्मन हो बन गया। हमारे पड़ोस में एक तरुणी रहती थी—सुन्दरी थी और ध्यान देने वाली थी। स्त्रियाँ दो प्रकार की होती हैं—ध्यान देने वाली और न ध्यान देने वाली। अगर आप किसी परीक्षा की तैयारी कर रहे हैं, तो नतीजा इस बात पर निर्भर है कि आपके पड़ोस में ध्यान देने वाली रहती है या ध्यान न देने वाली। मेरा रिज़ल्ट तो उसी दिन खुल गया जिस दिन मैंने देखा कि पड़ोसिन ध्यान देने वाली है। मैंने अंग्रेज़ी, दर्शन, अर्थशास्त्र सब उसे समर्पित कर दिये और जब फेल हुआ, तब होश आया कि मैं कहावत के चक्कर में आ गया। पर कहावत का क्या दोष? अगर 'नेबर' सुन्दर है, तो बिना कहावत जाने भी उससे प्यार करना ही होगा। तो क्या यह सुभाषित कुरूपाओं के लिए प्रेमी की व्यवस्था करने के प्रयोजन से बनाया गया है?

मैंने कहा था कि अवस्था ज्यों-ज्यों बढ़ी, त्यों-त्यों सत्य के नये स्तर खुलने लगे और 'पड़ोसी को प्यार करो' में मुझे नये-नये प्रयोजन दिखने लगे।

लगभग दो साल पहिले मैंने फिर मकान बदला। वहाँ आने के दूसरे ही दिन मैं बरामदे में बैठा सुबह का अखबार देख रहा था कि इतने में

बड़ी चौड़ी मुस्कान धारण किये पड़ोसी आये। बोले—"नमस्कार ! आ गये ! बड़ा भाग्य है हमारा, जो आपके पड़ोस का सौभाग्य प्राप्त हुआ। कहा है—

एक घड़ी आधी घड़ी, आधी में पुनि आध।
तुलसी संगत साधु की, हरै कोटि अपराध॥

मैं सोचने लगा कि साधु कौन है—मैं या वे। मैंने एक-दो नम्रता-सूचक वाक्य कहे। फिर मौन। तब मैंने कहा कि आज मौसम अच्छा है, कल खराब था, शायद कल और अच्छा रहे। फिर मौन ! तब मैंने कहा कि यद्यपि मकान में कुछ असुविधाएँ हैं, फिर भी सुविधाएँ हैं। सामने मैदान नहीं है, पर मैदान भी किस काम का ? खिड़कियाँ कम हैं, पर ज्यादा खिड़कियाँ होना भी ठीक नहीं ! वे 'जी हाँ' कहकर सहमति बतलाते गये। फिर हम मौन ! इस बार मौन तोड़ा। बोले, "और क्या समाचार है ?"

"सब ठीक है।" मैंने कहा।

वे अखबार की ओर देखते हुए बोले, "वीटो तो हो गया।"

मैं मकान और मौसम की बात से एकदम अन्तर्राष्ट्रीय राजनीति पर कूद पड़ने को तैयार नहीं था। पूछा, "कैसा वीटो ?"

वे बोले, "सुरक्षा परिषद में काश्मीर सम्बन्धी प्रस्ताव को रूस ने वीटो कर दिया न।"

मैंने कहा, "हाँ-हाँ, कल के अखबार में पढ़ा था।"

वे बोले, "हाँ, 'डिटेल्स' आज के अखबार में होंगे। यह आज ही का अखबार है न ? देखूं जरा।" मेरे हाथ से उन्होंने अखबार ले लिया और बोले, "अच्छा, आप 'फ्री प्रेस' लेते हैं। 'इट इज़ ए ग्रेट पेपर'। मैं पहिले इसी को लेता था।" उन्होंने उसे जरा देर उलटा-पलटा और सहसा उठकर खड़े हो गये। बोले, "अभी घंटे भर में लौटा दूंगा।" और अखबार लेकर चल दिये।

वे रोज सबेरे फरिश्ते की तरह मुस्कुराते हुए आते और नमस्कार करके पिछले दिन के समाचार का कोई प्रसंग उठा देते—

"और क्या समाचार है ?"

"सब ठीक है ।"

"मोहम्मद अली तो हटा दिये गये !"

"हाँ, कल पढ़ा तो था ।"

"अब क्या हो रहा है, पाकिस्तान में ? आज के अखबार में होगा शायद । ये आज ही का है न ! अभी घंटे-भर में लौटाता हूँ।"

कभी कहते—

"टीटो तो आ गये ।"

"हाँ, परसों दिल्ली पहुँचे ।"

"पंडित जी से बातें हो रही होंगी। आज तो अखबार में आया होगा । देखूं जरा। अभी घंटे-भर में भेजता हूँ।"

बीच में मैंने 'फ्री प्रेस' बन्द करके 'अमृत बाज़ार पत्रिका' लेना शुरू कर दिया। उन्होंने देखा तो बोले, "अरे, आप 'पत्रिका' लेने लगे। वाह ! इट इज़ ए ग्रेट पेपर ! मैं पहिले इसी को लेता था ।"

वे मुझे बेहद प्यार करते थे । सबेरे मुस्काते हुए आते, प्रेम से मेरा हाल-चाल पूछते, दो घड़ी बैठते ! वे धीरे-धीरे मेरी झंझटें कम करते गये। अब वे अखबार वाले को रोककर पहिले ही अखबार ले लेते और पढ़कर फिर मेरे पास लाते और बतला देते कि क्या-क्या खास बात पढ़ने लायक है। इस तरह व्यर्थ का बहुत-सा पढ़ने से मुझे बचा लेते। कभी-कभी उनके बच्चे भी अपने ढंग से अखबार पढ़ डालते; तब वे मेरे पास आकर कहते, "साले बच्चों ने अखबार फाड़ डाला। मेरी तो नाक में दम है । खैर, कोई खास बात नहीं थी। मुख्य समाचार ये थे—।" वे समाचार सुना जाते। इस तरह मुझे पढ़ने का परिश्रम नहीं करना पड़ता। फिर वे शाम को अखबार दुबारा बुलाने लगे । फिर यह सोच कर कि पुराने बेकार अखबार को वापिस करके मेरे छोटे कमरे में कचरा क्यों जमा करूँ, वे अखबार अपने ही घर रखते जाते। जब काफी अखबार जमा हो जाते, तो वे बेचारे खुद कबाड़ी को बेच देते और यह सोचकर कि मुझ साधु को माया में फँसाना ठीक नहीं, पैसा भी खुद ही रख लेते।

मैं दो साल उनका पड़ोसी रहा। इस अवधि में मेरे सामने उस सुभाषित 'लव दाइ नेबर' का एक और नया प्रयोजन खुला—पड़ोसी को

क्यों प्यार करें ? इसलिए कि उसका अखबार माँगकर पढ़ सकें और उसकी रद्दी बेच सकें। जिस महापुरुष ने इस सुभाषित को बनाया वह महान् भविष्य-द्रष्टा रहा होगा। वह जानता था, आगे चलकर अखबार निकलेंगे और तब पड़ोसी का अख़बार पढ़ने का प्रसंग उपस्थित होगा। उस समय यह सुभाषित मानवता के काम आयेगा।

वैसे अखबार माँगने वालों से दुनिया अच्छा सलूक नहीं करती। उन प्रेमी आत्माओं से चिढ़ती है। पर मेरा विश्वास है कि अखबार माँगने वाले पड़ोसी से बढ़कर आपका शुभचिन्तक दूसरा नहीं। वह आपके दीर्घ जीवन की कामना करता है, जिससे वह आजीवन आपका अखबार पढ़ सके। वह आपसे पहिले संसार से बिदा होना चाहता है ताकि वह एक दिन भी बिना अखबार पढ़े इस दुनिया में न जिये। मेरा विश्वास है कि लम्बी उम्र के लोगों के जीवन का अध्ययन किया जाय, तो मालूम होगा कि पड़ोसियों को अखबार देने वाले लोग ही लम्बी उम्र पाते हैं।

अखबार माँग लेना और उसे रखे रहना कोई अनैतिक काम नहीं है। असल में इन चीजों की नैतिकता दूसरे किस्म की होती है जिसे ए० जी० गार्डनर ने 'अम्ब्रेला मारल्स' कहा है। 'छाते की नैतिकता' यह है कि पानी गिरते में आप दोस्त का छाता ले गये और फिर लौटाया नहीं, तो यह हड़पना नहीं हुआ। आप लौटाना भूल गये। बस ! किसी की पुस्तक मांगकर पढ़ने के बाद हम उसे लौटाते नहीं हैं। हम क्या उसकी पुस्तक दबा लेते हैं ? नहीं ! हम महज़ उसे लौटाना भूल जाते हैं। इस नैतिकता का मसीहा वह आदमी था जो अपने दोस्त को अपना पुस्तकालय दिखाने ले गया। हजारों बढ़िया पुस्तकें थीं। मित्र देखकर दंग रह गया। बोला, "बड़ा भारी स्टॉक है आपके पास पुस्तकों का ! पर ये ऐसी बेतरतीब पड़ी हैं। इन्हें आप आलमारियों में रखिये।" जवाब मिला, "सो कैसे हो सकता है ? पुस्तकें तो माँगे से सब दे देते हैं, पर कोई अलमारी तो देता नहीं है।" इस नैतिकता का पालन करने वाले बड़े-बड़े धर्मात्मा होते हैं। गार्डनर ने ही कहा है कि एक श्रेष्ठ धर्मोपदेशक पादरी पहिले दर्जे के डिब्बे में मरे पाये गये। जब उनकी तलाशी ली गयी, तो उनके जेब में तीसरे दर्जे का टिकिट निकला।

अखबार माँगकर रोज पढ़ना और उसकी रद्दी बेच लेना कोई गलत काम नहीं है। यह प्रेम प्रगट करने का तरीका है। अब अगर कोई कहता है कि उसका पड़ोसी उससे प्यार करता है, तो मैं एकदम समझ जाता हूँ कि वह रोज इसका अखबार पढ़ता होगा।

क्षय की रूमानियत

मेरे एक मित्र को क्षय रोग हो गया है। एक फेफड़े पर जरा-सा दाग है, जो दो-तीन महीनों में बिलकुल निकल जायगा। चिन्ता की बात कतई नहीं। मरेंगे तो उनके दुश्मन। उनका तो बाल बांका नहीं होगा। इसी विश्वास के कारण (और यह बड़ा स्वस्थ विश्वास है) मैं उन्हें देखने जाता हूं, तो हंसी-मजाक करता हूं। वहां बैठे सहानुभूति-प्रदर्शक लटके मुंह, लोगों को मेरा ऐसा व्यवहार अच्छा नहीं लगता और वे मुझे रोगी का शुभचिंतक शायद नहीं समझते। वे व्यवहार-कुशल आदमी हैं और जानते हैं कि जान को खतरा जिस मात्रा में माना जायगा, उसी मात्रा में सहानुभूति का मूल्य होगा। किस मौके पर कैसा मुंह बना लेना और कैसे स्वर में, कैसे वचन बोलना, यह उन्हें अभ्यास से सिद्ध हो गया था और इस क्षण जिस कुशलता से वे मातमपुर्सी करेंगे, उसी कुशलता से दूसरे क्षण पुत्र-जन्म की बधाई देंगे। उन्हें रोगी के पास बैठे देखकर ऐसा लगता था कि ५-१० मिनट का मेहमान है।

एक दिन एकांत पाकर मैंने मित्र से कहा—'तुम्हें कुछ नहीं होगा। फेफड़े को जरा स्पर्श ही हुआ है। अगर दोनों फेफड़े खराब हो जायें, तो भी आजकल रोगी अच्छा हो जाता है। क्षय आजकल बुखार की तरह ही सहज हो गया है—बशर्ते रोगी खर्च बरदाश्त कर सके, जो तुम मजे में कर सकते हो। तुम दो महीने यहां बिस्तर पर पड़े-पड़े आनन्द से रेडियो में लता मंगेशकर और तलत महमूद को सुनो, चंगे हो जाओगे। ये लोग, जो तुम्हारे सामने मुंह लटकाए बैठते हैं, झूठे और अनजान हैं। एक तो वे कर्त्तव्य के नाते चिंतित दिखते हैं। दूसरे, ५० साल पहिले उनके पिताजी के मन में क्षय का जो भय था, वह उन्हें विरासत में मिल गया है। वे नहीं जानते कि क्षय अब खतरनाक नहीं रहा। ५० वर्षों से वैज्ञानिक और डाक्टर बैठे झख नहीं मारते रहे हैं।

मगर मेरे मित्र को मेरी स्वस्थ बातों की अपेक्षा लटके मुखों की बीमार बातें ज्यादा भा गई थीं। मुझे लगा कि वह इस बात से अप्रसन्न भी है कि मैं उसकी बीमारी को उचित महत्त्व नहीं दे रहा हूँ। वह क्षय को मानो कोई विशेष उपलब्धि समझता है और मैं उसकी कीमत कम करके आँक रहा हूँ। आत्म-पीड़न का अपना एक अलग सुख होता है। मैं इस सुख में दखल दे रहा था।

उसकी हालत कुछ गिर गयी थी। क्यों न गिरे? कुंभकर्ण के सामने भी यदि चार आदमी बैठकर, मुंह लटका, चिंता प्रगट करते तो वह भी युद्ध में न मर कर, खाट पर पड़े-पड़े बिना बीमारी के मर जाता।

वह विचित्र मनःस्थिति में था। दार्शनिक की तरह जीवन की निस्सारता के बारे में बातें करने लगा। दार्शनिक प्रवृति उसकी कभी नहीं थी, वह सफल व्यवसायी था और व्यवसायी अगर दर्शन से मेल कर ले, तो कारोबार डूब जाय। पर इस मौके पर वह एकदम हानि-लाभ के हिसाब को छोड़कर मुक्ति और बंधन की बात करने लगा। ग़ालिब का शेर दुहराया—

क़ैदे हयात बंदे ग़म असल में दोनों एक हैं।
मौत से पहिले आदमी ग़म से नजात पाय क्यों?

उसे यह विश्वास बड़ा प्रिय लग रहा था कि उसके जीवन का अन्त हो रहा है। वह औरों को भी यही विश्वास दिलाने का प्रयत्न कर रहा था। आसन्न मृत्यु के मिथ्या विश्वास का सुख वह अनुभव कर रहा था।

वह बोला—एक कविता लिखी है। सुनोगे?

कविता सुनी। उसने कविता में अपने किसी से कहा था—साथी, अब चला-चली की बेला आ गई है। दुख में मेरा हाथ मत छोड़ो। मेरे सिरहाने आकर बैठो, दो मीठे बोल बोलो, मेरे केश सहलाओ।

कविता ने रहस्य खोल दिया। वह क्षय से कम पीड़ित है, क्षय की रूमानियत से अधिक। क्षय के आस-पास अजब किस्म की रूमानी भावनाएँ चिपटी हैं। कठिन रोग और भी होते हैं, कैंसर तो घोर कष्टदाय और प्राणघातक है। पर उसे वह इज्जत प्राप्त नहीं है, जो क्षय को प्राप्त है। क्षय सब से अधिक 'रिसपेक्टेबल' रोग है। इसमें शारीरिक कष्ट

नहीं होता, केवल क्षय होता है। इसके इलाज के लिए बहुत धन चाहिए सुख चाहिए, आराम चाहिए। राज रोग है। जिसके पास पैसा है वह इस रोग के ऐश को भोग सकता है। महीनों बिस्तर पर पड़े-पड़े रंगीन सपने बुन सकता है।

कितनी ही तरह की कोमल भावनाएँ इस रोग के साथ जुड़ी हैं। प्रेमियों का यह बड़ा प्यारा रोग है। कितने ही भावुक प्रेमी सपने देखते हैं कि मुझे क्षय हो जायगा, मैं पंचगनी के सेनेटोरियम में बिस्तर पर पड़ा रहूँगा, एक दिन मेरे सिर पर अचानक उस 'निष्ठुर' का कोमल हाथ होगा और वह भरे गले से कहेगी—'हाय! तुमने यह क्या कर लिया! क्षय कठोर दिलों को पिघलाने का साधन बन गया। फ़िल्मों की कृपा से यह काम अब शराबखोरी करती है। प्रेमी शराब पी-पीकर जब 'स्पंज' बन जाता है और जब प्रेमिका यह देख लेती है कि वह पूरी तरह बरबाद हो चुका, तब वह उसे अपना लेती है। यों पहिले अपनाकर भी बरबाद कर सकती है, पर वह स्वयं यह कष्ट नहीं उठाती, शराब द्वारा बरबाद किया कराया ही ग्रहण करती है। रेडीमेड का जमाना है।

क्षय को रूमानियत प्रदान करने का अधिकांश श्रेय लेखकों, कवियों को है। भारत सरकार के स्वास्थ्य विभाग की रिपोर्ट देखिये—उसमें क्षय से मरने वालों की जो संख्या दी है, उससे अधिक आदमी कहानियों में मर चुके हैं। और स्वास्थ्य-अनुसंधान की रिपोर्ट बतलाती है कि इस देश में अधिकांश को क्षय गरीबी के कारण होता है, पर कहानियाँ बतलाती हैं कि सब को विफल प्रेम से ही होता है। पहाड़ पर सेनेटोरियम में पड़ी प्रेमिका डायरी लिखती है, जिससे उपन्यास बन जाता है। मैदान में बैठा लेखक डायरी की किश्तें पाता जाता है। डायरी नहीं, तो चिट्ठियाँ ही लिखती है। कम चिट्ठियों से कहानी बनती है, ज्यादा से उपन्यास। विफल प्रेम की परिणति सेनेटोरियम में ही होती है और प्रेम का त्रिकोण भी वहीं हल होता है। मैं पन्द्रह-बीस ऐसी स्त्रियों को जानता हूँ जिनका विवाह अपने प्रेमियों से न होकर किसी और से हुआ। वे सब स्वस्थ हैं, बाल-बच्चे वाली हैं। पता नहीं लेखकों को सेनेटोरियम ले जाने के लिए कहाँ मिल जाती हैं। इन १५-२० नारियों को मैं कितने वर्षों से बड़ी

लालसा से देख रहा हूँ। देवी, एकाध तो सेनेटोरियम जाओ कि मैं एक कहानी लिख दूं। कोई मुझ पर कृपा नहीं करती। प्रेमिका का क्षय-ग्रस्त होना बहुतों को बड़ी लुभावनी कल्पना लगता है। ऐसे नीच पुरुष भी मैंने देखे हैं, जो इस बात पर गर्व अनुभव करते हैं कि उनके प्रेम के कारण किसी को क्षय हो गया।

क्षय एक प्रतिष्ठा की भावना भी बख्शता है। जो इसके इलाज का खर्च बरदाश्त कर सके, ऐसा आदमी जब अच्छा हो जाता है, तब अपने को औरों से अधिक प्रतिष्ठित समझता है। उसका स्तर कुछ ऊँचा हो जाता है। जब वह बीमार होता है, तब अपने रोग को विशेष उपलब्धि मानकर दुनिया का सारा प्रेम, सारी सहानुभूति और सारा लाभ बटोरना चाहता है। कुछ लोग तो लालसा लगाए रहते हैं कि कब हमें क्षय हो और हम विशेषत्व प्राप्त करें। जिस रूमानी कवि को एकाध बार क्षय न हुआ हो, वह अपने को कुछ घटिया समझता है। आत्म-कथात्मक लेखन में लेखक क्षय को बड़े गर्व से याद करता है—'राँची···सेनेटोरियम में पड़ा हूँ···बाहर की दुनिया से दूर···दूर···बहुत दूर!' जिस लेखक को क्षय हो चुका हो, वह अपना यश सुरक्षित समझता है।

क्षय का यह रूमानी आनन्द इसलिए संभव है कि रूमानी रोगी जानता है, इसमें शारीरिक कष्ट नहीं होता, और तत्काल मृत्यु नहीं होती। अब तो यह रोग घातक भी नहीं रह गया—बशर्ते पैसे हों। केंसर को रूमानी रंग देने की हिम्मत कोई नहीं करता। किसी लेखक के केंसर-पीड़ित नायक के केशों में नायिका ने अँगुलियाँ नहीं उलझाई।

बीमार बन्धु की कविता सुनकर मेरे मन में क्षय को रूमानियत प्रदान करने की बात उठी। मुझे कविता अच्छी नहीं लगी। यह भी बुरा बात है कि आदमी अकारण करुणा का पात्र बनना चाहे, अपने बारे में अमंगल कल्पना से दूसरों को बाध्य करे! मैंने कहा—'बन्धु, इस कविता को फाड़-कर फेंक दो। दूसरी लिखो, जिसमें अपना उस 'कोई' से कहो कि क्या तुम समझती हो, मैं मर जाऊँगा? नहीं, मैं दो महीने में पूर्ण स्वस्थ हो जाऊँगा। तब हम लोग जीवन का भोग करेंगे।'

सहानुभूति

एक कवि मित्र ने रेल से कटकर आत्म-हत्या कर ली। मैं उसकी शव-यात्रा में जाने लायक साहस नहीं बटोर पाया। वह साथी था, वर्षों का मित्र! तीस साल के उस जवान मित्र के दो टुकड़े भी हम नहीं देख सके। कुछ लोगों का आग्रह था कि हमें उसके दो टुकड़े भी देखना था। उन्होंने तो जी भर उसे देखा था, उसकी शव-यात्रा में गये थे और बड़े शौक से रस लेकर वर्णन कर रहे थे कि कैसे कटा, कहाँ से कटा, खून कहाँ गिरा, आँखें कैसी थीं, सिर कैसा था। दो टुकड़े इतनी दिलचस्पी से देखने वालों में से कई ने, तब उसकी ओर आँखें भी नहीं उठाई थीं, जब वह समूचा था। टुकड़े देखने वालों ने हमारी निन्दा आरम्भ की, जिन्होंने उसे समूचा देखा था। कुछ लोग स्नेह और सहानुभूति का घड़ा भरकर रखे रहते हैं और आदमी के मरने की राह देखते रहते हैं। इनका हृदय आग बुझाने के लिए पानी से भरी रखी हुई बाल्टी की तरह होता है, जिसका उपयोग तभी होता है, जब आग लगती है। इनका स्नेह और सहानुभूति प्राप्त करने के लिए आदमी को मरना पड़ता है। इन लोगों ने, हम नहीं जाने वालों को हृदयहीन कहा। फिर अखबार वालों ने कटाक्ष किया। महत्त्वपूर्ण मृत्यु का उपयोग जो रोचक समाचार बनाने के लिए करते हैं, उन्होंने हम लोगों की सहृदयता पर प्रश्न-चिह्न लगाया। अखबारी सहानुभूति मैंने एक बार स्वयं देखी थी। एक दैनिक के दफ्तर में सम्पादक के पास बैठा था। सम्पादक अगले अंक के लिए 'बेनर' खोज रहे थे। कोई बड़ा समाचार मिल नहीं रहा था और वे परेशान थे। सहसा रेडियो ने एक बड़े लोकप्रिय नेता की मृत्यु का समाचार प्रसारित किया।

सम्पादक खुशी से उछल पड़े और टेबिल पर हाथ मारकर बोले, "फ़ाइन! अच्छा 'बेनर' बन जायगा।" अखबारनवीसों ने न जाने वालों पर टिप्पणी करके उस कवि की प्रतिष्ठा को भी बढ़ाया नहीं, घटाया ही। अर्थ तो यही निकला न कि उसकी शव-यात्रा में कई साहित्यिक ही नहीं गये। यह भी क्या कवि! नादान की दोस्ती वाली कहावत ऐसे ही मौके पर याद आती है।

सहानुभूति का हिसाब नहीं करना है, संवेदना की तुलना नहीं करनी और न यही कहना है कि हम औरों से अधिक सहृदय हैं। एक बात मन में उठती हैकि जीवित की अवहेलना और मृतक का सम्मान कितना बढ़ गया है। पाँच सौ साल पहिले कबीर बड़ी हैरत में चिल्लाया था—

'जियत बाप से दंगम दंगा,
मरे हाड़ पहुँचाये गंगा!'

याद आता है कि ईसा जब भक्तों के दल के साथ बढ़े जा रहे थे, तब एक आदमी ने आकर कहा कि मैं मृत भाई को दफ़नाकर अभी आता हूँ। ईसा ने कहा—'लेट द डेड बरी देअर डे!' तुम चलो मेरे साथ! ईसा क्या हृदयहीन था? ईसा ने उस 'फार्म' का विरोध किया था, जो जीवन को ढँक लेता है। देखता हूँ, बुरी तरह 'फार्म' ने हमारी भावनाओं को आवृत्त कर रखा है। रूप और रूपक का बोलबाला है। स्नेह, सहानुभूति, करुणा का भी एक प्रगट रूप रूढ़ हो गया है और उसी को हम आंतरिक भाव से अधिक मानने लगे हैं। सच्चा संवेदन भी जब रूढ़ हो जाता है, तब वह एक भावहीन, रिक्त,थोथा रिफ्लेक्स हो जाता है। बिन बोले का दुख बड़ा कहा गया है, पर अब कोलाहल से दुख की मात्रा नापी जाती है। शव-यात्रा में जो तफरीहन भी जाय उसका दुख बड़ा गिना जायेगा और जो दुख से टूटकर घर बैठा रहे, उसे निष्ठुर माना जायगा। प्रथा है कि पुत्र की अन्त्येष्टि क्रिया में पिता नहीं जाता। भला पिता पुत्र का दाह होते कैसे देखेगा! अधिक दुख वाले को घर में ही बैठने देना चाहिए। लेकिन अब शायद अधिक दुख का सबूत देने के लिए बाप को भी रूपक रचना पड़ेगा। एक आदमी को जानता हूँ जो हर शव-यात्रा में जाता है। दाह-संस्कार के प्रबन्ध के लिए उस जैसा विश्वासी आदमी

दूसरा नहीं है। करुण से करुण मृत्यु पर जब आसपास लोग सिसकते होते हैं, उसके चेहरे पर शिकन नहीं आती। वह उत्सव के उत्साह से रस्सी, घास-बाँस और हंडी की व्यवस्था में व्यस्त रहता है। क्या वह हर मृत्यु पर सबसे अधिक दुखी आदमी होता है?

नीरो रोता भी समारोह में था। हम सभी छोटे-मोटे नीरो बने जा रहे हैं। जो समारोह में न रोये, उसका रोना, रोना नहीं गिना जायगा। पहिले 'मदनोत्सव' होते थे, अब रुदनोत्सव होते हैं। इन रुदनोत्सवों में सच्चा रोनेवाला तो रह जाता है, झूठा रोने वाला रंग जमा लेता है। एक नेता की शव-यात्रा मैंने देखी थी। उसका शव एक ट्रक पर रखकर ४-५ मील दूर नर्मदा-घाट पर ले जाया जा रहा था। एक व्यक्ति जो बड़ी उत्तेजना से जुलूस की व्यवस्था कर रहा था, एक दम उचककर ट्रक पर चढ़ गया और शव के सीने पर दोनों हाथ रखकर दहाड़ मारकर रोने लगा, "हाय—जी!" ऐसा ओवर-एक्टिंग हुआ कि ट्रेजडी की जगह कॉमेडी हो गयी। मृतक के सगे भाई बेचारे नीचा सिर किए अंतिम पंक्ति में चलने लगे। उनका रोना हराम कर दिया, उस विकट विलापी ने। दूसरे दिन अखबारों में छपा कि उक्त व्यक्ति ४-५ मील शव से चिपका हुआ क्रंदन करता गया और रास्ते में उसे कई बार मूर्च्छा आ गई। यह आगे क्यों नहीं लिखा कि धिक्कार है उन वज्र-हृदय भाइयों को, जो एक बार भी नहीं चीखे और चुपचाप पीछे चलते रहे।

शोक-समारोह कभी-कभी कैसे हास्यास्पद हो जाते हैं, इसकी आपबीती बताता हूं। मैं एक स्कूल में अध्यापक था। १० बजे लड़कों की सामूहिक प्रार्थना होती थी। वे आपस में लत्ती मारते, पेंसिल कोंचते, कान खींचते, चिमटी लेते, प्रार्थना कर लेते थे। सामने चबूतरे पर खड़े अध्यापक भी यह फुसफुसाते हुए निभा लेते थे कि यार, आज दस तारीख हो गई पर वेतन नहीं मिला अभी तक। बेचारे रोज प्रार्थना करें फिर भी इतना-सा वरदान न मिले कि वेतन पहिली को मिल जायगा। मैं प्रार्थना में शामिल नहीं होता था। संस्था के मालिकों ने मुझे यह सोचकर नहीं छेड़ा होगा कि ईश्वर के होने का कोई निश्चय नहीं है, पर यह आदमी तो निश्चित है। अनिश्चित का पक्ष लेकर निश्चित से कौन झंझट करे। मैं अपने कमरे में

बैठा रहता। एक विशेष अवसर पर मैं उस स्थल पर पहुंचता था—तब जब किसी प्रसिद्ध व्यक्ति के लिए शोक-प्रदर्शन करना होता। शोक-भाषण मेरे जिम्मे था। हर दो-चार माह में ऐसे व्यक्ति मृत होते ही हैं जिनके लिए स्कूलों में शोक-प्रस्ताव पास होते हैं और छुट्टी होती है। मुझे हेड-मास्टर से सूचना मिल जाती कि आज शोक भाषण करना है। मैं आंखों में असीम दर्द भरकर, मुख पर दुख बिछाकर, धीरे-धीरे नीचे देखता कमरे से निकलता और चबूतरे पर खड़ा हो जाता। सामने सैकड़ों लड़कों की कतारें होतीं। विकल नयनों से मैं एक बार उन लड़कों को देखता और भारी गले से बोलना आरम्भ कर देता—'आज हम गहन शोक की छाया तले खड़े हैं······' भाषण के अन्त में यह अवश्य कहता कि मृतक जो स्थान रिक्त कर गया है, वह कभी नहीं भरेगा—यद्यपि किसी-किसी के मरने से कोई स्थान ही रिक्त नहीं होता, बल्कि ऐसा लगता है कि अच्छा हुआ 'ट्यूमर' कट गया। मैं हर मरने वाले में मनुष्य के सब गुण आरोपित कर देता था, वह चाहे विश्व-प्रसिद्ध व्यक्ति हो या मुहल्ले का नेता। चेखव की एक कहानी में मुझ जैसा एक पात्र है जो मृत्यु पर भाषण करने में उस्ताद है। उसके पास 'रेडीमेड' भाषण हैं। उसे लोग सोते से उठाकर श्मशान भूमि ले जाते हैं, मरने वाले का नाम मात्र बता देते हैं और वह धड़ल्ले से शोकपूर्ण भाषण दे देता है। एक बार नशे की झोंक में वह नामों में गड़बड़ा गया और उस व्यक्ति की मृत्यु पर बोल गया, जो उसके ठीक सामने खड़ा था। मुझे भी शोक-भाषण का अभ्यास हो गया था। ठंड में जब काली शेरवानी धारण किए मैं बोलता; तब तो ऐसा लगता जैसे पादरी अंतिम आशीर्वाद दे रहा है। मेरे भाषण के बाद छुट्टी हो जाती।

कुछ दिनों में लड़कों ने मेरी प्रार्थना में आने का सम्बन्ध छुट्टी से जोड़ लिया। मैं आता दिखता, तो समझ जाते कि कोई मरा है और आज छुट्टी हो जायगी। फिर तो लड़के कभी किसी की मृत्यु की खबर पाकर मेरे पास आते और बड़ी गम्भीर मुद्रा में कहते, 'सर, अमुक आदमी की मृत्यु हो गयी। शोक-सभा होनी चाहिए।' मैं उन्हें टालता, तो वे ज़ोर देते, 'सर सर्वत्र शोक छाया हुआ है। वह महापुरुष था। उसकी आत्मा की शांति के लिए प्रार्थना करनी चाहिए।' एक दिन तो मुझसे आकर कहने लगे कि डाक्

मानसिंह के लिए शोक-सभा करनी चाहिये। मैंने डांटा, तो कहने लगे कि चाहे डाकू हो, पर था तो प्रसिद्ध आदमी। एक दिन एक प्रसिद्ध आदमी को मृत्यु हुई। हेडमास्टर को यह निर्णय करने में देर लगी कि मरने वाला छुट्टी के योग्य था या नहीं। लड़के निराश हो चुके थे। अंतिम क्षण में हेडमास्टर ने मुझे बुला भेजा। मुझे आते देखते ही लड़के खुशी से उचकने लगे और ताली बजाकर चिल्लाने लगे, "छुट्टी होगी! छुट्टी! छुट्टी!" मैंने क्रोध से उनकी ओर देखा और डांटा। फिर भारी स्वर में शुरू किया, "आज हम गहन शोक की छाया तले"—वाक्य समाप्त होने के पहिले ही लड़के कोलाहल करते हुए भाग खड़े हुए। कहा जायगा कि अनुशासन नहीं था लड़कों में। मैं कहता हूँ शोक-प्रदर्शन की भावनाहीन रूढ़ि का यही परिणाम होता है। आत्मा अगर वास्तव में होती हो तो उसकी शांति बड़ी भंग होती होगी, हमारी इन आत्मा की शांति की प्रार्थनावाली शोक सभाओं से।

इन रूपों में कहाँ सच्चा संवेदन है? अर्थी के पीछे चलने वालों में कौन दोस्त और कौन दुश्मन है, इसकी कोई पहिचान नहीं है। मेरे एक परिचित की बीमारी में जितने लोग उन्हें देखने आये, उनमें से आधे भी उन्हें वोट देते, तो वे लोक-सभा का चुनाव जीत जाते, पर वे बेचारे म्युनिसिपल की वार्ड मेम्बरी का चुनाव ही हार गये।

फ़ार्म जहाँ नहीं है, वहाँ भी भावना है, इसे हम क्यों नहीं मानते? शायद वहाँ थोड़ी अधिक ही हो। जहाँ आडम्बर प्रधान हो गया वहाँ सच्ची भावना कैसे रहेगी? खादी जिसके शरीर पर न हो, उसे कुछ समय पहिले तक देश-भक्त ही नहीं समझते थे। ऐसा लग रहा था कि खादी का देश की अर्थ-व्यवस्था से सम्बन्ध तोड़कर लोग मन्दिर में खादी का थान रखकर उसकी पूजा करेंगे।

जिस दिन पादरी का बढ़िया रेशमी चोगा सिल गया, उस दिन से चर्च में शायद उनके ईश्वर ने आना छोड़ दिया। जितनी देर मुल्ला मस्जिद की गुम्बद से सबको सुनाकर खुदा को पुकारता है, उतनी देर उसका खुदा मस्जिद से भागकर कहीं चला जाता होगा। जब पंडित ने पूजा में तरह-तरह के बहाने से यजमान से पैसे रखवाना शुरू किया, तो उनके देवता

घबड़ाकर खिसक दिये ।

यह सब शायद मन की बहक है । आखिर रीति-नीति भी तो कोई चीज है । रूढ़ि का भी तो अपना महत्त्व है । माना कि हम मनुष्य के बेटे को सूली पर टांग देते हैं, पर गले में 'क्रास' लटकाए तो घूमना ही चाहिये ।

इसलिए उठूं । शोक-सभा में जाना है । वहां जाने वालों के नाम छपेंगे ।

कचहरी जाने वाला जानवर

आदमी दूसरे जानवरों से किस बात में भिन्न है ? यानी वह कौन-सी चीज है जो आदमी को जानवर होते हुए भी खास किस्म का जानवर बना देती है ? ऐसे प्रश्नों के उत्तर विद्वानों ने दिये हैं क्योंकि विद्वान प्रश्नों के उत्तर देने के लिए ही जीता है और खुद जिन्दगी भर कोई प्रश्न न पूछ सकने के कारण बूद्धू बना रहता है। तो एक विद्वान ने कहा है, आदमी औजार बनाने वाला जानवर है। एक दूसरे ने कहा है, कि आदमी सोचने वाला जानवर है। दोनों बातें अर्द्ध सत्य हैं। सोचता तो कुत्ता भी है और नाक से सोचता है। इसीलिए अपने दर्जे के आदमी से ऊँचा माना जाता है। पुलिस इन्सपेक्टर भी चोर का पता लगाता है और पुलिस का कुत्ता भी। मगर एक जासूस कुत्ते की कीमत इन्सपेक्टर साहब के जिन्दगी-भर के वेतन, जायज-नाजायज भत्ते और घूस से अधिक होती है। और जहां तक औजार बनाने की बात है, चींटी को चांस मिले तो आदमी से अच्छे औजार बनाकर बता दे। नहीं, इन दोनों कारणों से आदमी आदमी नहीं है। मैं विद्वान नहीं हूँ क्योंकि मैं सवाल पूछता हूँ। पर मैंने भी आदमी की परिभाषा बनाई है। आदमी कचहरी जाने वाला जानवर है। कोई और जानवर कचहरी नहीं जाता—जाना भी नहीं चाहेगा। अगर गधे से भी पूछो कि क्यों भाई आदमी बनेगा, तो वह जवाब देगा—'नहीं बाबा, उसमें कचहरी जाना पड़ता है !'

यह ज्ञान एकाएक आज मेरे भीतर उमड़ उठा। तप के बिना ज्ञान नहीं मिलता। मैं ३-४ दिनों से कचहरी जाने का तप कर रहा हूं क्योंकि आदमियत की लाज रखनी थी। मैं आज उन दार्शनिकों से पूरी तरह सह-

मत हूँ जो कहते हैं, जीव को संसार में दुख भोगने के लिए भेजा जाता है। और जिन दुखों को भोगना जरूरी है, उनमें सबसे बड़ा दुख कचहरी जाना है। कोई-कोई इस दुख से बच भी जाते हैं। जब ऐसा जीव देह त्यागकर उस लोक जाता है, तब उससे पूछा जाता है क्यों, कचहरी गए थे? जीव जवाब देता है—नहीं, ऐसा मौका तो नहीं आया। ऐसे हीन तप जीव को, फिर पृथ्वी पर भेजा जाता है और मनुष्य ही बनाया जाता है क्योंकि कोई और जानवर कचहरी नहीं जाता। जब जीव कचहरी के दुख काफी भोग लेता है, तब उसे जन्म-मरण के बन्धन से मुक्ति मिलती है और वह ब्रह्म में लीन होकर निरन्तर ब्रह्मानन्द रस का पान करता है, इसीलिए इस जीवन के बाद मुक्ति पाने योग्य वैष्णव व्यवसायी रोज लाल खाता-बही बगल में दबाए कचहरी जाते हैं।

आज मेरी दृष्टि ही बदल गई। बोध हो गया। गौतम को ज्ञान प्राप्त करने के लिए इतने तप, चिन्तन, मनन की जरूरत ही नहीं थी। दो-चार दिन अपने राज्य की किसी कचहरी में हो आते, तो एकदम बुद्ध हो जाते। अभी तक मैं सोचता था कि अर्जुन युद्ध नहीं करना चाहता था पर कृष्ण ने उसे लड़वा दिया। यह अच्छा नहीं किया। अगर अर्जुन युद्ध नहीं करता, तो क्या करता? कचहरी जाता। जमीन का मुकदमा दायर करता। लेकिन वन से लौटे पांडव अगर जैसे-तैसे कोर्ट फीस चुका भी देते, तो वकीलों की फीस कहाँ से देते, गवाहों को पैसे कहां से देते? और कचहरी में धर्मराज का क्या हाल होता? वे 'क्रास-एक्जामिनेशन' के पहिले ही झटके में उखड़ जाते। सत्यवादी भी कहीं मुकदमा लड़ सकते! कचहरी की चपेट में भीम की चर्बी उतर जाती। युद्ध में तो १८ दिन में फैसला हो गया; कचहरी में १८ साल भी लग जाते। और जीतता दुर्योधन ही, क्योंकि उसके पास पैसा था। सत्य सूक्ष्म है; पैसा स्थूल है। न्याय देवता को पैसा दिख जाता है; सत्य नहीं दिखता। शायद पांडव मुकदमा लड़ते-लड़ते मर जाते क्योंकि दुर्योधन पेशी बढ़वाता जाता। पांडवों के बाद उनके बेटे लड़ते; फिर उनके बेटे। बड़ा अच्छा किया कृष्ण ने जो अर्जुन को लड़वाकर १८ दिनों में फैसला करा लिया। वरना आज कौरव पांडव के वंशज किसी दीवानी कचहरी में वही मुकद्दमा लड़ते होते।

दिन-भर मैंने वादी-प्रतिवादी देखे, वकील देखे, सच्चे-झूठे गवाह देखे। बयान, एक्जामिनेशन और क्रास एक्जामिनेशन सुने। फिर एक विद्वान से पूछा, यह सब क्यों होता है? विद्वान ने कहा, 'न्याय-देवता एक के बाद एक छन्ना लगाता है और झूठ को छान-छानकर अलग करता जाता है। अंत में सत्य बच रहता है।' मैंने कहा, 'मगर न्याय को तो अन्धा कहा गया है। जब अन्धा छानने बैठे, तो क्या पता कि वह झूठ को छानकर अलग कर रहा है या सत्य को?'

न्याय देवता है। हर देवता भेंट लेता है। अगर भक्त से सीधे भेंट ले तो कोई बात नहीं, पर हर देवता का एक मध्यस्थ होता है—"मिडिलमेन' से कहीं छुटकारा नहीं। न्याय देवता का मिडिलमेन वकील होता है। दुश्मन से छुटकारा मिल सकता है, पर अपने ही वकील से छुटकारा मुश्किल है। एक बार कचहरी चढ़ जाने के बाद सबसे बड़ा काम है, अपने ही वकील से अपनी रक्षा करना। प्रतिपक्षी से उतना डर नहीं रहता, जितना अपने ही वकील से। वह एक के बाद दूसरी उलझन में आपको फँसाता जायगा और आप समझ नहीं पायेंगे कि आप कहाँ जा रहे हैं। मुझे इसका अनुभव हुआ। मुख्य मामला जहाँ का तहाँ है लेकिन इस बीच मेरा वकील मुझसे कहता है कि विरोधी पर एक-दो झूठे मुकदमे दायर कर दो। मैंने पूछा—'इससे क्या होगा?' वह बोला, 'विरोधी हेरास (परेशान) होगा।' मुझे यह बात समझ में नहीं आई। मैं झूठा मुकदमा चलाऊँ। विरोधी जानता है कि मुकदमा झूठा है और पहिली ही पेशी में खारिज हो जायगा। तो 'हेरास' वह होगा या मैं होऊँगा?

वकील की टेकनीक डाक्टर जैसी होती है। सफल डाक्टर वह है जो मरीज को न मरने दे, पर इलाज चलता रहे। सफल वकील वह है, जो मुव्वकिल को न जीतने दे, न हारने दे, बस मुकदमे चलते रहें। इसीलिए सफल डाक्टर और सफल वकील के हाथों अपने को सौंपना खतरे से खाली नहीं है।

यदि आपके हाथ से चूहा मर गया है और आप कहीं यह बात सफल वकील के सामने कह दें तो वह चौंक कर पूछेगा—'क्या कहा? चूहा मार डाला? आपने? कैसे?' आप उसे बतायेंगे कि अलमारी हटाते समय

चूहा चपेट में आ गया। वकील पूछेगा, 'क्या उसने आप पर हमला किया था ?' आप नहीं कहेंगे और तब वकील आपकी तरफ इस तरह देखेगा मानो आप फांसी पर टँग रहे हैं! कहेगा, 'आपने दफा ३०२ का जुर्म कर डाला ! क़त्ल ! आत्म-रक्षा का 'प्ली' भी नहीं ले सकते।' आपके हाथ-पाँव फूलेंगे और आप वकील कर लेंगे। पर वह यह कहकर 'केस' लेने से इन्कार करेगा कि मामला कमजोर है, आपको फाँसी होना पक्का है। फिर जब आप उसकी फीस बढ़ायेंगे, तो कहेगा 'केस' जीता-जिताया रखा है, आप साफ बच जायेंगे। आप सोचते रहिये कि जो 'केस' फीस देने से पहिले कमजोर रहता है, वह फीस देने के बाद ताकतवर कैसे हो जाता है। पैसे में बड़ा विटामिन होता है।

बात आगे बढ़ाना मेरे लिए अच्छा नहीं। मुकदमा मुझ पर चल रहा है। अगर मेरा वकील इसे पढ़ेगा, तो मुझसे बदला लेगा। बड़ा सफल वकील है वह। कल कह रहा था कि वकालत का पेशा बड़ा 'नोबल' है, इस की दम पर समाज की नैतिकता टिकी है। फिर बड़े गर्व से कहने लगा— हत्या के १३ मामले आज तक मैंने जीते हैं। १३ आदिमियों को फाँसी से बचाया है। मैंने पूछा, 'क्या आप जानते थे कि इन १३ ने हत्या की थी ? वकील साहब को ध्यान नहीं रहा कि उनका 'क्रास एक्जामिनेशन' होने लगा है। वे बड़े गर्व से बोले, 'हाँ, जानता था। पर सब को साफ बचा लिया।' मैंने कहा, 'वकील साहब, यह गर्व की बात हुई कि शर्म की ? क्या हत्यारे को सजा से बचाने के कारण ही यह 'नोबल' धन्धा हो गया ?'

मेरी सावधानी ढीली हो रही है। वकील का उपहास करूँगा, तो कल वह अदालत में उपहास करेगा।

चंदा

किसी से अगर दुश्मनी मँजानी हो तो उसे दम देकर चुनाव में खड़ा कर दीजिये या चंदा वसूल करने का काम दे दीजिये। जब वह द्वार-द्वार वोट या पैसा माँगने जायगा और उसे मलूकदास की उक्ति याद आयगी—'जिनके देखे दुख उपजत है तिनखों करबो पड़े सलाम', तब वह जिन्दगी-भर इस झंझट में न पड़ने की कसम खायगा। ऐसा मेरा ख्याल था। लेकिन देखता हूँ कि लोग बार-बार हारकर भी चुनाव में खड़े होते हैं जैसे स्त्री प्रसव-पीड़ा से त्रस्त हो, फिर कभी उस मार्ग पर न जाने की कसम खाती है, पर फिर उसी मार्ग पर जाती है। (उक्ति गोस्वामी तुलसीदास की) निर्वाचित पद में बड़ा आकर्षण है। इसी तरह चंदा करने में भी बड़ा आकर्षण है। क्यों है, यह हमें तब मालूम हुआ, ज़ब 'वसुधा' पत्रिका आरम्भ की और बड़े पैमाने पर चन्दा अभियान शुरू हुआ। रसीद बुकें छपते ही कितने ही आदमी इस 'पुण्यकार्य' में हाथ बँटाने आ पहुँचे और रसीद बुकें ले गये। जिनसे हमारा सिर्फ दुआ-सलाम का सम्बन्ध था, वे भी जब उत्साहपूर्वक रसीद बुकें ले गये, तो हमें बड़ी खुशी हुई कि हमारे भी कितने ही हितचिंतक हैं जिन्हें हम जानते तक नहीं। इसके साथ ही एक खटका भी हुआ, पर उत्साह ने खटके को दबा दिया। दो-तीन महीने हो गये, पर उनमें से कई शुभचिंतक नहीं लौटे, न रसीद बुकें आयीं न चंदा आया। और ग्राहकों की चिट्ठियाँ आने लगीं कि हमें पत्रिका नहीं मिली, हमने अमुक जी को चंदा दिया था, हमारी रसीद का नम्बर यह है। हमारे पास न अमुक जी थे, न चंदा जी, न रसीद जी थीं। तब हमने एक सिद्धांत निर्मित किया, जो भविष्य के चंदा धर्मियों के लाभार्थ

यहाँ दिया जाता है—

जो स्वयं प्रेरित और उत्साहित होकर रसीद बुक माँगने आये, उसे हरगिज मत दो। उसे दो, जो तुम्हारे आग्रह पर जबरदस्ती आफत की तरह उसे स्वीकार करे।

चंदा-वसूली में जो आकर्षण है, वह हमें समझ में आया। और यह भी समझ में आया कि 'गुप्त-दान' का क्यों महत्त्व है? यह क्यों कहा जाता है कि सर्वोत्तम दान वह है जिसमें बायाँ हाथ न जाने कि दाहिने ने क्या दिया? चंदा खाने वाले के सुभीते के लिए ही गुप्त दान की परम्परा को महत्त्व मिला है।

इसके बाद हमने रसीद बहियाँ देना बन्द कर दिया और स्वयं चंदा करने निकले। माँगना तीन प्रकार का होता है—अपने लिए माँगना, अपने समेत दूसरों के लिए माँगना और केवल दूसरों के लिए माँगना। अपने लिए माँगने में लज्जा है, अपने समेत दूसरों के लिए माँगने में एक गर्व है। गांधीजी तीसरे प्रकार के माँगने वाले थे और उन्हें देने वाला स्वयं गर्वित होता था। हम दूसरे प्रकार के माँगने वाले थे।

चंदा माँगने वाले जानते हैं कि एक प्रकार का आदमी ऐसा होता है जिससे कोई पैसा ले ही नहीं सकता। ओ हेनरी ने ऐसे एक नहीं देने वाले का वर्णन करते हुए लिखा है कि पृथ्वी कछुए की पीठ पर रखी है। पर कछुआ किस पर बैठा है? कछुआ ऐसे ही लोगों की पीठ पर बैठा है।[1] ऐसी मजबूत पीठ होती है, नहीं देने वालों की। लेकिन ऐसे लोगों की पीठ भी टूटती है भय से या लोभ से। एक नगर में हम चंदा माँगने गये तो चौराहे पर खड़े होकर मित्रों ने दवा की एक दूकान की ओर संकेत करके कहा, 'अगर इससे आप चंदा ले लें, तो हम लोग आपको २५ रु० आपस में चंदा करके इनाम देंगे। हमारी जानकारी में इससे आज तक कोई नहीं ले पाया।' हम गये और उसने हमें रूखा जवाब दे दिया। लौट आये। इसी समय मुझे अपना एक मित्र दिखा, जो उस शहर में एक्साइज इन्सपेक्टर था। मैंने उसे पुकारा। उसने पूछा, 'अरे, तुम कैसे आये?' मुझे

[1] 'Schools and Schools'—O. Henry.

सहसा एक बात सूझ गई। मैंने कहा, 'सब पीछे बताऊँगा। पहिले तुम मेरे साथ उस दुकान तक चले चलो।' उसने कहा, 'क्यों? बात क्या है?' मैंने कहा, 'अभी कुछ नहीं बताऊँगा। तुम मेरे साथ वहाँ तक चले चलो।' वह खासी उलझन में पड़ा, पर मेरे साथ हो लिया। इन्सपेक्टर को देखते ही दूकानदार हाथ जोड़कर खड़ा हो गया—'आइये, इन्सपेक्टर साहब!' 'हम बैठ गये और दूकानदार ने लड़के को पान लेने भेजा। मित्र ने मुझ से पूछा, 'अब तो बताओ, बात क्या है? कैसे आये?' मैंने कहा, 'एक पत्रिका निकाली है। उसी के लिए चंदा करने आया था। (दूकानदार की तरफ इशारा करके) आपके पास भी इसीलिए आया था।' मित्र ने कहा, 'हाँ, हाँ, जरूर। ये ग्राहक बन जायेंगे।' मैंने रसीद काटकर दूकानदार के सामने रखी और उसने ६ रु० निकालकर मेरे हाथ में दिये और इस तरह देखा, मानो कह रहा हो कि इस देश के विधान में अगर नागरिक के जीवन-रक्षा के मौलिक अधिकार का उल्लेख न होता, तो मैं तुझे यहीं मार डालता।

जो चन्दा देने वाला नहीं है उसे किसी विशेष क्षण में पकड़ना चाहिए—किसी ऐसे क्षण में जब उसकी सतत सचेत बुद्धि भ्रमित हो गई हो। एक नगर में एक कपड़े के व्यापारी के पास हम बैठे थे और उससे ग्राहक बनने की प्रार्थना कर रहे थे। वह पूंछ पर हाथ नहीं धरने दे रहा था। जब वह तंग आ गया तो बोला, मुझे तो पत्रिका पढ़ने की फुरसत ही नहीं मिलती। हमारे मुँह से निकल गया, 'पढ़ने वालों को तो हम मुफ्त में भेजते हैं। आप तो ग्राहक बन जाइये।' वहाँ बैठे ४-५ मित्र ठहाका मारकर हँस पड़े। सेठजी की कुछ समझ में नहीं आया। वे सब के मुंह की तरफ देखते और बेहद परेशान होते। इधर लोग रह-रहकर 'ही ही' कर उठते। सेठ बुरी तरह भ्रमित हो गये। मैंने इस बीच रसीद काट दी और उनके सामने रख दी। वह उनका कमजोर क्षण था। उन्होंने ६ रु० निकाल कर दे दिये।

कभी-कभी आदमी जब धर्म-संकट में फंस जाता है, तब विवश हो कर दे देता है। एक नगर में हम एक बड़े जैन व्यापारी के पास चंदा मांगने गये। व्यापारी बड़े व्यस्त थे। सैकड़ों छपे कार्ड उनके सामने पड़े थे और

वे मुनीमों की सहायता से उन्हें भर कर, उन पर पते लिख रहे थे। वे गुरुजी के अच्छे परिचित थे और गुरुजी वहाँ पहिले भी आ चुके थे। उन्होंने बड़ी आत्मीयता से बैठाया और पान बुलाये। गुरुजी ने चंदे की बात शुरू की तो बोले, 'दो-चार दिन तो बात मत करो। बड़ा काम सिर पर है। छिमाहमी (क्षमावाणी) की तैयारी करना है।' मैंने पूछा, यह छिमाहमी क्या है? वे बड़े उत्साह से समझाने लगे, 'हम लोगों में यह बड़ा महत्त्वपूर्ण उत्सव है। इस दिन सब लोग वैमनस्य भुलाकर आपस में गले मिलते हैं। ये कार्ड इसी प्रेम-सन्देश के हैं। इस पर्व पर लोगों के दिल साफ हो जाते हैं और वे निश्छल प्रेम से गले लगते हैं।' हम बाहर निकले। गुरुजी ने देखा कि मकान के बीचों-बीच नीचे से ऊपर तक एक दीवार उठी है। उनसे कहा, 'यह दीवार क्यों उठाई है? पहिले तो नहीं थी।' व्यापारी बोले, 'अभी उठी है। बात यह है कि भाई से झगड़ा हो गया, सो बँटवारा कर दिया।' गुरुजी ने तपाक से कहा 'और उधर तुम वे क्षमावाणी वाले कार्ड दूसरों को भेज रहे हो।' व्यापारी भौचक रह गये। वे नैतिक संकट में फँस गये थे। उन्होंने गुरुजी को हाथ पकड़कर बिठा लिया और उन्हें समझाने लगे कि इसमें दोष भाई का है। जब समझा चुके, तब चंदा भी दे दिया।

चंदा माँगने वाले के मुख पर न जाने कैसी निशानी होती है कि वह पहिचान में आ जाता है। यह पहिचान व्यापारी को सबसे अधिक होती है। दो-चार स्थानीय सार्वजनिक जीवन के व्यक्तियों के साथ किसी नये आदमी को जब व्यापारी देखता है, तो समझ जाता है कि यह चंदा माँगने वाला दल आ रहा है। एक दूकान पर हम बैठे ही थे कि चतुर व्यापारी पूछने लगा, कहिए साहब, किस चीज का चंदा करते निकल पड़े? हम क्षण-भर को हतप्रभ हो गये। मैं उसे पत्रिका के बारे में बताने लगा। उसने बीच में ही टोककर कहा, 'बस, बस, साहब! मैं तो सिर्फ चंदे का नाम पूछ रहा था। मैं यह थोड़े ही पूछता हूँ कि उसका क्या होगा? कितना है वार्षिक?' मैंने शुल्क बतायी और उन्होंने दे दी।

वह आदमी इस बात को स्वीकार किए बैठा था कि जब तक

दुनिया में चंदा होगा, तब तक मुझे देना होगा। इसे वह शरीर धरने का अनिवार्य दण्ड मानता था और ज्ञानियों की तरह शांति से भोगता था।

व्यापारियों का चंदा देने का तरीका भी बड़ा विचित्र है। एक व्यापारी के पास जाइये, तो वह कहेगा, 'अमुक जी से ले आये ?' (अमुक जी उसके, प्रतिद्वन्द्वी और बराबरी के सेठ हैं।) आप कहेंगे, जी नहीं, आपके पास ही आये हैं। वह कहेगा, 'उनसे ले आइए। जो वे दें, वही मेरे नाम लिख लीजिये।' अब अगर आप अमुक जी के पास गये तो वे आपको वापस भेजेंगे कि उनसे ले लो और जो वे दें, वह मेरे नाम भी लिख लो। आप शटल कॉक की तरह दोनों व्यापारियों के बीच चक्कर काटेंगे। व्यापारी की एक और आदत होती है। आपको वह बड़े प्रेम से बिठायगा और जब आप पूछेंगे, 'कितना लिख दूं ?' तो वह बड़ी सरलता से कहेगा, 'जो आपका जी चाहे।' आप जोर देंगे कि बता दीजिये और वह कहता जायगा 'नहीं साहब, मैं कुछ नहीं बोलूंगा। आप जो लिख देंगे, मैं दे दूंगा।' इसका यह अर्थ लेना कि यह अधिक दे देगा, गलत है। इसका अर्थ है कि यह कम से कम देना चाहता है। अगर आप १०० रु० की उम्मीद करके आये हैं, तो वह १० रु० मुश्किल से देगा। पर वह अपने मुँह से नहीं कहेगा। उसके पास बैठा कोई आदमी उसके कान में बात करके आपसे कहेगा कि इतना लिख दीजिये।

चंदे का अंतिम अनुभव ऐसा था कि उसके बाद शायद कोई भी इस काम को आगे नहीं कर सकता। एक दूसरे शहर चंदा करने गये। एक मित्र हमें लेकर एक बड़े व्यापारी के पास गये। वे सिर्फ दस्तखत कर सकते थे, पर चंदा देने में उदार थे। उन्होंने बड़ी आवभगत की। मैंने उन्हें पत्रिका के बारे में बताया और एक प्रति दी। उन्होंने चश्मा खोला, पोंछा और आँखों पर चढ़ाया। फिर बड़ी देर तक वे उसके पन्ने पलटते रहे और बोले। 'अच्छी है।' ऐसी समझदारी से सिर हिलाया कि हमें लगा हम किसी बड़े साहित्यालोचक के पास बैठे हैं। कहने लगे, 'साहब, आप जबलपुर शहर में रहते हैं। उसे छोड़कर आप दूसरे शहर चंदा करने क्यों आये ?' मैं जवाब दूं इसके पहिले वे ही बोले, 'हाँ, ऐसा

तो होता ही है। अपने शहर में आदमी की इज्जत नहीं होती; बाहर ही होती है। जबलपुर में आपकी इज्जत नहीं होगी, इसलिए आपको यहाँ आने की तकलीफ करनी पड़ी।' मैं क्या जवाब देता? प्रतिवाद करने से चंदा न मिलता। इज्जत को बलाए ताक रखकर मैंने चंदे पर ध्यान दिया और खिन्न हँसी हँसकर कहा 'सो तो है ही।' चंदा मिल गया पर हिम्मत पस्त हो गयी।

यह अंतिम आघात था। यों आमतौर पर चंदेवाले का स्वागत उसी प्रकार किया जाता है, जिस तरह एक चोर का। यह सामान्य विचार बन गया है कि चंदा माँगने वाला बेईमान होता है, वह रकम खा जाता है और काम नहीं करता। इसीलिए कोई देने वाला इस बारे में दिलचस्पी नहीं लेता कि चंदे का क्या उपयोग हुआ? चंदा लेने वाला जब किसी के पास पहुँचता है, तब उसे यह आभास नहीं रहता कि जिसे मैं इस चंदे का सार्वजनिक पवित्र उद्देश्य समझा रहा हूँ, वह वर्षों से माने बैठा है कि कोई उद्देश्य वगैरह नहीं होता, चंदा हमेशा खाने के लिए माँगा जाता है और मेरे सामने जो यह आदमी बैठा है, यह निहायत बेईमान आदमी है और मुझसे जो रकम मिलेगी वह इसके जेब में जायगी। पर संकोच वश मुझे देना ही होगा। यह इतनी भयावह कल्पना है कि किसी की चंदा माँगने की हिम्मत नहीं पड़ सकती। इसीलिए मैं उन्हें प्रणम्य मानता हूँ जो जीवन-भर चंदा मांगते हैं; हर सप्ताह जिनके हाथ में किसी नये चंदे की रसीद बही होती है।

सुजलां सुफलां

सावन का महीना है। सात दिन बीत गये हैं और आसमान से धरती पर गिरी हुई बूंदों की गिनती की जाय तो पचास-साठ से अधिक नहीं निकल सकती। मगर सर्वहारा में प्राण-शक्ति दुर्दम होती है। बाग के लाड़ले पौधे सूख रहे हैं, पर इन पचास-साठ बूंदों और बादलों की छाया से ही उपेक्षित, आवारा घास फूट निकली है। सूखी बदरंग धरती पर जगह-जगह हरी घास के चप्पे आ गये हैं, जैसे विरागी के फटे वस्त्र पर किसी रस-प्रवीना भक्तिन ने रंगीन पैबन्द लगा दिये हों।

ये कजरी गाने के दिन हैं, चौपालों में आल्हा गाने का मौसम है। ये झमाझम वर्षा के दिन हैं; मोर के नाचने के और मेंढक के टर्राने के दिन है। पर कहीं इस साल सावन का उल्लास नहीं है। एक बेशर्म मेंढक कल रात टर्रा रहा था। पचास जूते खाकर जो दांत निपोरता रहता है, उस निर्लज्ज जैसा। विरहिन का क्या होता होगा ? रोने तक की सुविधा बादलों ने इस साल छीन ली। विरहिन के आंगन में हर बूंद जलते पेट्रोल सी पड़ती थी। इस वर्ष तो तन का ताप ही इतना जबर्दस्त है कि मन की आग शरमा गई है।

हम रोज आसमान निहारते हैं। सिर पर से सफेद, मटमैले, काले बादल निकल जाते हैं। खूब उमड़ते-घुमड़ते हैं; खूब बिजली चमकती है; पर बेदरसे निकल जाते हैं। इतनी गरजन, उमड़न, घुमड़न और गिनी-गिनाई चार बूंदें; जैसे बेदफ़ा का वायदा, जैसे निर्बल का गुस्सा, जैसे बंधे कुत्ते का भोंकना, जैसे मूर्ख का वेद-पाठ।

पड़ोसिन वृद्धा कह रही थी, "हो न हो, किसी ने जरूर पानी धरती

में गाड़ दिया है।' करोड़ों आदमी पानी चाहते हैं और एक कोई नहीं चाहता; इसलिए वर्षा रुक गयी! करोड़ों यूनिट भलाई पर एक यूनिट बुराई की विजय पर कब से हम विश्वास कर रहे हैं। अभिशाप में क्या हमारा वरदान से भी अधिक विश्वास है?

मेरा एक मित्र दो-तीन घण्टे मेरे साथ बैठकर बादल निहारता है। बिन बरसे सिर पर से निकल जाने वाले इन जल-पुञ्जों को हम बड़ी हविस से देखते हैं। कल मित्र देखते-देखते बोला, "बंकिमचन्द्र होते, तो मैं उनसे पूछता कि क्या यही तुम्हारी 'सुजलां सुफलां मलयज शीतलां शस्य श्यामलां' मातृभूमि है सुजलां? वाह, सावन का महीना सूखा जा रहा है। हर साल फसल प्यासी मर जाती है और बंकिम कहते हैं 'सुजलां'! और सुफलां कहाँ हैं? किसी के अमरूद को हाथ तो लगा लो। सवा रुपये सेर के आम कितनों के लिए 'सुफल' हैं? और मलयजशीतलां?? इधर बाएं तरफ से कारपोरेशन की नाली की दुर्गंध आ रही है और सामने से खुली हवा के पाखाने की। शस्य राशि कहाँ है? दूसरे देशों से अन्न उधार लेकर इस स्वर्ग-भूमि के चालीस करोड़ देवता पेट भर रहे हैं। गाँवों में मनुष्य पशुओं का हिस्सा छीनकर खा रहे हैं। और बंकिम को 'शस्य श्यामलां' दिख रहा है।"

मित्र मेरा मसखरा आदमी है और हर मसखरा थोड़ा 'सिनिक' होता ही है। मजाक कमजोरी की ही होती है। कालिदास पर भी वह बेहद नाराज है। कहने लगा, "क्या लिखा है कालिदास ने? असाढ़ के प्रथम दिवस यक्ष को बादल दिख गया? सिर फिर गया था, उसका। यक्ष भी विरह में पागल हो गया था। यहाँ श्रावण के प्रथम दिवस बादल नहीं था और उसे असाढ़ के प्रथम दिवस संदेश ले जाने को बादल मिल गया। प्रेमी और कवि ने मिलकर बड़ा झूठ गढ़ा! कहां हैं वे कवि जो वर्षा-मंगल गाते हैं, जो सावन की झड़ी को उद्दीपन बताते हैं? अगर अब किसी कवि को कवि सम्मेलन में वर्षा-गीत गाते देखा, तो पत्थर फेंककर मार दूंगा।" उसका सात्त्विक क्रोध चरम सीमा पर पहुंच गया।

कवियों की बात बहुत 'सीरियसली' ले लेने के कारण ही मेरा मित्र विक्षुब्ध था। मातृभूमि की सत्य—कल्पित महिमा के गीत सभी जातियों

में गाये जाते हैं। ध्रुव प्रदेश का निवासी जो दस फीट बर्फ खोदकर एक मछली निकालकर खाता है, वह भी गाता है कि धन्य है मेरा देश ! यह पृथ्वी पर स्वर्ग है। और रेगिस्तान का आदमी, जो ऊँट का पेट चीरकर पानी निकालकर पीता है, वह भी गाता है कि बलिहारी है इस देश की ! जब आदमी ऐसे गीत गाकर मग्न हो जाता है, तब नेताओं का काम आसान हो जाता है। वे उसे सिखाते हैं—'अब कहो कि मैं इस स्वर्गोपम मातृभूमि के लिए शीश कटा दूंगा।' बस इसके बाद लोक-गीत गाते हुए भूखों भी मर लेंगे और युद्ध छेड़ दो तो सिर कटाने भी पहुँच जावेंगे।

अपना यह हाल है कि हमें विश्वासमय अभिमान है कि देवता वहीं भारत में अवतार लेते रहे हैं। पुराने भक्त कवियों की बात छोड़िये; सन् १६५० में प्रकाशित एक अभक्त, राजनीतिक कर्म-प्रधान नेता की एक पुस्तक में लिखा पाया कि देवता भगवान से प्रार्थना करते हैं कि हमें भारतवर्ष में अवतार लेने दिया जाय। पुराने भारतवर्ष के अब दो हिस्से हो गये। तो क्या दो-चार देवता भूल से पाकिस्तान में जन्म न ले लेते होंगे ? अथवा क्या देवता हमारे राजनैतिक उलटफेरों के अनुसार चलते हैं ? देवगण अमेरिका या रूस में अवतार क्यों नहीं लेना चाहते ? और अब भारत के एक भाग, साम्यवादी केरल में अवतार लेने के बारे में क्या ख्याल है ?[1]

हिमालय और गंगा-यमुना की पुण्य-धारा पर भी हमारा बहुत अभिमान टिका हुआ है। कितने गर्व से हम कहते हैं—'हमारा देश सबसे महान है। उत्तर में विश्व का सबसे ऊँचा पर्वत हिमालय मस्तक ताने खड़ा है।' जब कोई गर्व से ऐसा कहता है तो पूछने को मन करता है कि क्या तुम्हारे बाप ने हिमालय को बनाया है ? क्या हमारे बाप-दादों ने चट्टान पर चट्टान जमाकर नगाधिराज का निर्माण किया है ? पृथ्वी कभी सिकुड़ी थी और संयोग से वह सिकुड़न यहाँ ऐसी बड़ी हुई कि हिमालय पहाड़ उठ खड़ा हुआ। इस 'ऐक्सीडेन्ट' पर गर्व करने की गुंजाइश कहाँ है ? पर जड़ का कैसा मोहक गर्व है हमारा ! कृतित्व पर गर्व हो तो एक बात है। लेकिन

१. तब केरल में साम्यवादी दल का मंत्रिमंडल था।

नगपति विश्व का सिरमौर हो गया, गंगा-यमुना का जल जब पापियों को स्वर्ग भेजने लगा और देवता यहीं अवतार लेने लगे, तो करने को कुछ रहा नहीं। देश तो वैसे ही महान् हो गया। बिना किये जब माथा तन गया, तो करने का कष्ट क्यों करें? अकर्म का ऐसा बड़ा अनुष्ठान और कहीं नहीं हुआ होगा।

रही सही कमी वेदों की प्राचीनता ने पूरी कर दी। यह सत्य निर्विवाद स्वीकृत हो गया कि ऋग्वेद विश्व की सबसे प्रथम साहित्यिक रचना है। अभी तक तो कोई प्रतिद्वन्द्वी पैदा नहीं हुआ। पर मोहनजोदड़ो ने ऊपर आकर हमें डुबाया था। गनीमत है कि ईजिप्ट और चीन में अति प्राचीन खण्डहर मिल गये, वरना मोहनजोदड़ो की रचना के गर्व में हम एक ईंट भी नयी न रखते (यद्यपि वह आर्यों का निर्माण नहीं है)।

कुछ पेशेवर मुंह चिढ़ाने वाले मैंने देखे हैं, जो विश्व—मानवता की हर नई उपलब्धि को 'ऊँह' बोलते हैं। उनका कथन होता है कि प्राचीन काल में हमारे देश में वह चीज थी। संजय ने धृतराष्ट्र को 'टेलीविजन' में देखकर महाभारत की 'रनिंग 'कमेंटरी' सुनाई थी। और दधीचि ने इन्द्र को जो वज्र दिया था, वह वास्तव में एटम बम था!

यही सब सोचकर मैंने उस मित्र से कहा था, 'भाई, न बंकिम चन्द्र का दोष है, न कालिदास का, न रवीन्द्र का। ऐसे गर्व गान से जाति की भावात्मक तुष्टि होती है और भूखे आदमी के मस्तक में भी तनाव आता है। सीमाएँ बाँध रखने के लिए मानव-मस्तकों की आवश्यकता होती है और ऐसे गीत की भावना से सिर खुशी-खुशी दिया जा सकता है। इसलिए पानी बरसे या न बरसे; फल चाहे एक न मिले; नाक में सड़ाँध बराबर घुसे; अकाल चाहे हर साल पड़े—पर गाओ समवेत स्वर में 'सुजलां सुफलां मलयज शीतलां शस्य श्यामलां मातरम्!'

बेईमानी की परत

कपड़ा पहिनते-पहिनते छोटा हो जाता है, यह मैं भूल चुका था। कई सालों से ऐसी घटना ही नहीं घटी थी। मैं उनमें से नहीं रहा, जो इस साल पेंट सिलवाते हैं और अगले ही साल उसे पत्नी की पुरानी साड़ी की किनार से बाँधने लगते हैं। उच्चवर्गी और मध्यवर्गी में यही अन्तर है। उच्चवर्गी का पेंट जब छोटा होता है, तो वह उसे आगे के लिए छोड़ देता है। पर मध्यवर्गी का कुछ 'आगे' के लिए नहीं होता; इसलिए वह स्त्री की फटी साड़ी की किनार खोजने लगता है।

ठण्ड शुरू होने पर मैंने गरम शेरवानी निकाल कर पहिनी तो देखा कि बटनें नहीं लगतीं। पिताजी जब मेरे कपड़े सिलाने देते थे, तो दर्जी से कह देते थे—ज़रा बढ़ते शरीर का बनाना। जब से अपने कपड़े बनवाने का जिम्मा खुद लिया है, हर बार दर्जी से कहना चाहता हूँ—ज़रा घटते शरीर का बनाना। शरीर जब तक दूसरों पर लदा है, तब तक मुटाता है। जब अपने ही ऊपर चढ़ जाता है, तब दुबलाने लगता है। जिन्हें मोटे रहना है, वे दूसरों पर लदे रहने का सुभीता कर लेते हैं—नेता जनता पर लदता है, साधु भक्तों पर, आचार्य महत्त्वाकांक्षी छात्रों पर और बड़ा साहब जूनियरों पर।

मुझे ऐसा कोई आसन नहीं मिला। फिर भी कुछ मोटा हो जाने की इच्छा मरी नहीं। जब भी सफ़र करता, रेलवे प्लेटफार्म पर वज़न तौलने की मशीन में १० पैसे डालकर वज़न का टिकिट निकलता। टिकिट के दूसरे तरफ भाग्य-फल लिखा है, जो अकसर १० पैसे के बदले में की गई चापलूसी होता है। इस देश की मशीनें भी चापलूसी करना सीख गयी हैं।

सिर्फ १० पैसे में कुछ ऐसी बातें कहती हैं—'आपके विचार बहुत ऊँचे हैं। आप उनके अनुसार कार्य करेंगे, तो सफल होंगे' मैं कहता हूँ—सिस्टर, कभी तो सच बोला करो। यह कोई तुम्हारा 'स्टैंडर्ड' है कि सिर्फ १० पैसे में—! मशीनों की राय पर मैं ज्यादा भरोसा नहीं करता, विशेषकर उन पर जो आदमी को तौलने के लिए जगह-जगह रखी हुई हैं। इनके मुँह में १० पैसे डाल दो तो तारीफ़ का एक वाक्य बोल देती हैं।

इसीलिए मैं किसी इनाम के लिए कभी किताब नहीं भेजता। और समीक्षकों के घरों में पुत्र-जन्म होते रहते हैं, पर मैं बधाई के कार्ड नहीं लिख पाता। नतीजा यह कि वज़न बढ़ता भी है, तो किसी मशीन की टिकिट पर रिकार्ड नहीं होता। ज़माने में वज़न से ज़्यादा उसके रिकार्ड का महत्त्व है। इसीलिए चतुर लोग दूसरे की गोद में बैठकर अपने को तुलवा लेते हैं, और बढ़े वज़न का टिकिट जेब में रखे रहते हैं।

इस बार जरूर वज़न बढ़ा है। अब मशीन की धांधली नहीं चलेगी। मुटाई के अहसास ने शरीर में ऐसी सनसनी पैदा की कि जी हुआ फैलकर शेरवानी को तार-तार कर दूँ और ठंड उघाड़े बदन गुजार दूँ।

फिर मैं झेंपा भी। वज़न बढ़ना तो लड़कपन की हरकत है। कोई प्रौढ़ आदमी भी इस ज़माने में क्यों मोटा होगा? लोग क्या सोचेंगे? अनाज की दूकानों के सामने थैला हाथ में लिये क़तार में खड़ा आदमी सूख रहा है। जब तक उसका नम्बर आता है, दाम बढ़ जाते हैं और घर से लाए पैसे कम पड़ जाते हैं। साधारण आदमी भी जहाजों के टाइम-टेबिल याद रखने लगा है। अमेरिका से जहाज आयगा तो उसमें हमारे लिए गेहूँ होगा; जापान से आयेगा तो चावल होगा। अमेरिका में जहाजी कर्मचारियों की हड़ताल से भारतीय जन चिन्तित हो जाता है। भुखमरी से हम में अन्तर्राष्ट्रीय चेतना आ गई। अगर अकाल पड़ जाय, तो हर भारतीय अपने को विश्व-मानव समझने लगेगा।

यह वक्त भी कहीं मोटे होने का है! मैं शर्म से कमरे में छिपा बैठा रहा जैसे कुमारी गर्भ को छिपाती है। मेरे देशवासियो, मुझ बेशर्म को माफ़ करना। भारत माता, क्षमा करना, तेरा यह एक कपूत मोटा हो गया। मैं तीसरी पंचवर्षीय योजना का एक झूठा आँकड़ा हूँ, जो तुम्हें धोखा

दे रहा है। सुब्रमन्यम, माफ़ करना यार, तुम्हारी खाद्य-व्यवस्था के बावजूद मैं मोटा हो गया। टी० टी० भाई, तुम भी मुझे माफ करो; मैंने तुम्हारी अर्थ-नीति का अपमान किया है। कन्हैयालाल मुंशी, अजितप्रसाद जैन, साधोबा पाटिल—मेरे पिछले खाद्य मंत्रियो, तुम्हारे सामने मैं शर्मिंदा हूँ। चितामन देशमुख और मोरार जी भाई, मेरे भूतपूर्व अर्थ मंत्रियो, मैं तुम्हें मुंह दिखाने के काबिल नहीं रहा। मैं पिछले १५ वर्षों की उलझी अर्थ-नीति और खाद्य-नीति के प्रति अपराधी हूँ।

ग्लानि से दुबला होने में देर लगती है और पानीदार ही दुबला होता है। मुझे इस बढ़े शरीर की व्यवस्था करनी ही होगी। शेरवानी को खुलवाना ही पड़ेगा। मैंने छोटे भाई से कहा। वह बहुत खुश हुआ और मुहल्ले में जितने लोगों को सूचित कर सकता था, कर आया कि मेरा भाई मोटा हो गया है। मैं डरा कि अभी लोग आयेंगे और कहेंगे—सुना है साहब, आप मोटे हो गये। बधाई है। ईश्वर सबको इसी तरह मोटा करे।

लेकिन शाम तक मैंने लज्जा-भाव को जीत लिया। इसमें क्या शर्म की बात है। मोटा हुआ है, तो मेरा ही शरीर हुआ है। मेरे कारण कोई दूसरा तो मोटा नहीं हुआ। मैं इशारे से इस उपलब्धि को बताने भी लगा। दोस्त ठंड की बात करते तो मैं बीच में कह देता—हाँ, ठंड सिर पर आ गई और हमारे गर्म कपड़े छोटे पड़ गये। बटनें नहीं लगतीं।

दो-तीन दिनों में यह बात फैल गयी और मेरे एक बुजुर्ग रिश्तेदार यह कहते मेरे घर आये—कि लड़के ने बताया कि तुम मोटे हो गये। मैंने सोचा, चलो देख आयें।

दुर्बलता का मैं अभ्यस्त हो गया था। गर्वपूर्वक दुबला रह लेता था। कोई ऋषि मोटा नहीं हुआ। वे सब सूखे और क्रोधी होते थे। कोई उनके चरण न छुए तो उसे शाप देकर बंदर बना देते थे। पर न मैं वैसा दुबला था, न वैसा क्रोधी। मैं 'आजानुभुज' और 'आकंठटांग' वाला हूँ—याने बैठने में टाँगें कंठ तक आ पहुँचती हैं। सोचता था, भुजाओं और टाँगों का जो अतिरिक्त भाग है, वह बाकी शरीर में चिपका दिया जाय, तो ठीक हो जाय। पुराने ज़माने में सुंदरियों के लिए ऐसी सर्जरी होती होगी

कि इस अंग का कुछ काटकर उस अंग में चिपका दिया। प्रमाण चाहिए तो बिहारी की यह पंक्ति काफी है—'कटि को कंचन काटि कै, कुचन मध्य धरि दीन।' (इससे दोनों ठीक हो गए) एक और तरह की सर्जरी है, जिसमें बिना चाकू के पेट काटा जा सकता है। वर्तमान सभ्यता में इस रक्त-हीन सर्जरी ने काफी उन्नति की है। जो दस-पाँच के पेट काट सके उसका पेट बड़ा हो जाता है। वे सारे पेट उसके पेट में चिपक जाते हैं। इस विद्या के विद्यालयों में मुझे प्रवेश नहीं मिला, वरना मैं भी यह सर्जरी सीख लेता और पेट बढ़ा लेता।

यों हमारी पूरी दार्शनिक ट्रेनिंग देह के खिलाफ जाती है। देह की सेवा बड़ी हीन बात मानी गई है। दो-तीन साल पहिले एक मठाधीश स्वामाजी ने हमें यह बात अच्छी तरह समझा दी थी। वे अच्छे पुष्ट और गौरवर्ण संन्यासी थे। तख्त पर बैठे थे और देह की तुच्छता पर ऐसा जोरदार प्रवचन कर रहे थे कि हमें अपने शरीर से घृणा होने लगी थी। अच्छे उपदेशक वे, जो अच्छी से अच्छी चीज के प्रति नफरत पैदा कर देते हैं। वे कह रहे थे—'यह मलमूत्र की खान, यह गन्दा शरीर मिथ्या है, नाशवान है, क्षणभंगुर है। मूरख इसे स्वादिष्ट पकवान खिलाते हैं, इसे सजाते हैं, इस पर इत्र चुपड़ते हैं। वे भूल जाते हैं कि एक दिन यह देह मिट्टी में मिलेगी और इसे कीड़े खायेंगे।' इतने में एक सेवक केसरिया रबड़ी का गिलास लाया और स्वामीजी ने उसे गटक लिया। मेरे पापी मन में शंका उपजी। पर पास में बैठे एक भक्त ने समझाया—यह मत समझ लेना कि स्वामीजी स्वादिष्ट रबड़ी खाते हैं। अरे, वे तो कीड़ों-मकोड़ों के खाने के लिए देह को पुष्ट और स्वादिष्ट बना रहे हैं। इस मृत देह को कीड़े खायें, तो उन्हें भी मजा आ जाय—यही सोचकर स्वामीजी रबड़ी पीते हैं। श्रद्धाहीन सोचते हैं कि स्वामीजी माल खाते हैं; यह नहीं जानते कि वे तो कीड़ों के लिए 'डिनर' बनाने में लगे हैं।

वह उपदेश आज काम आया। संतोष भी हुआ कि अगर स्वामीजी का 'मेनू' पहिले दर्जे का है तो मेरा भी दूसरे का तो हो ही गया। मैं मिथ्या गर्व से बच गया। जो खुशी थी, वह लोगों के सवालों ने छीन ली। लोग पूछने लगे—मोटे हो रहे हो। क्या बात है? मैं क्या जवाब देता। कह

दिया—स्वास्थ्य का ख्याल रखता हूँ। वह जो स्वामी शिवानन्द की किताब है न, उसी के मुताबिक चल रहा हूँ। उसमें लिखा है—समय पर भोजन करना चाहिए, सूर्यास्त के बाद चाय नहीं पीनी चाहिये, अधिक रात तक नहीं जागना चाहिए, हल्का भोजन करना चाहिए, मदिरा आदि मादक द्रव्यों का सेवन नहीं करना चाहिए, मिर्च-मसाले नहीं खाना चाहिए, मन में बुरे विचारों को नहीं आने देना चाहिये—

किसी को संतोष नहीं हुआ। लोग कहते—मजाक छोड़ो। सच बताओ, मोटे क्यों हो रहे हो? पीठ पीछे जब कोई यह प्रश्न करते, तो वह कँटीला हो जाता। वे आपस में कहते—वह आजकल मुटा रहा है। क्या बात है? मैं इस सवाल से घबड़ा उठा। मैं जब दुबला था, तब किसी ने प्रधान मंत्री से नहीं पूछा कि यह शख्स दुबला क्यों है। किसी ने संविधान नहीं देखा कि इसमें नागरिकों के कर्तव्यों में दुबला होना लिखा है या नहीं। हम सब ने दुबले होने को अपनी नियति मान लिया है। कोई मोटा हो जाता है, तो हजार अँगुलियाँ उठने लगती हैं। लोग यह समझ रहे थे कि या तो मैं गांजा-शराब के 'स्मगलिंग' में लगा हूँ, या किसी संस्था का मंत्री बनकर चन्दा खा रहा हूँ, या कहीं से काला पैसा ले रहा हूँ, या घूसखोरी के लिए किसी का एजेंट हो गया हूँ। रोटी खाने से कोई मोटा नहीं होता, चन्दा या घूस खाने से मोटा होता है। बेईमानी के पैसे में ही पौष्टिक तत्त्व बचे हैं।

पिछले १७ सालों से मोटे होने वालों ने ऐसी परम्परा डाली है कि ईमानदार को मोटे होने में डर लगता है। स्वस्थ रहने की हिम्मत नहीं होती।

मेरे एक दोस्त ने मुझे बताया है कि जिनकी तोंदें इन १७ सालों में बढ़ी हैं, जिनके चेहरे सुर्ख हुए हैं, जिनके शरीर पर मांस आया है, जिनकी चर्बी बढ़ी है—उनके भोजन का एक प्रयोगशाला में विश्लेषण करने पर पता चला है कि वे अनाज नहीं खाते थे; चन्दा, घूस, काला पैसा, दूसरे की मेहनत का पैसा या पराया धन खाते थे। इसीलिए जब कोई मोटा होता दिखता है, तो सवाल उठते हैं। कोई विश्वास नहीं करता कि आदमी अपनी मेहनत से ईमान का पैसा कमाकर भी मोटा हो सकता है।

बेईमानी की तरह यह थोड़ा-सा मांस मेरे ऊपर चिपक गया है। मेरे दुश्मनो, एक वैज्ञानिक तथ्य तुम्हारे सामने है। मैं मोटा होकर कमजोर हो गया हूँ। मेरी बदनामी उड़ाने का ऐसा सुनहला अवसर तुम्हें कभी नहीं मिलेगा। तुम जल्द करो। मेरा क्या ठिकाना? मैं चार दिनों बाद फिर दुबला हो जाऊँगा। तब तुम हाथ मलते रह जाओगे।

□□